Psicologia das Habilidades Sociais

Dados Internacionais de Catalogação na Publicação (CIP)
(Câmara Brasileira do Livro, SP, Brasil)

Psicologia das habilidades sociais : diversidade teórica e suas implicações / Almir Del Prette, Zilda A.P. Del Prette, (organizadores). – 3. ed. Petrópolis, RJ : Vozes, 2013.

7ª reimpressão, 2024.

ISBN 978-85-326-3874-8

1. Comportamento humano – Aspectos sociais
2. Comunicação interpessoal 3. Habilidades sociais
4. Interação social 5. Relações interpessoais
Del Prette, Zilda A.P. II. Del Prette, Almir.

'15 CDD-302.14

Índices para catálogo sistemático:

1. Habilidades sociais e relacionamento interpessoal : Psicologia social 302.14

Almir Del Prette
Zilda A.P. Del Prette
(orgs.)

Psicologia das Habilidades Sociais

Diversidade teórica e suas implicações

Colaboradores
Fabián O. Olaz
Frank Mainard Gresham
Isabel Cristina Salazar
María Jesús Irurtia
Vicente E. Caballo

EDITORA VOZES
Petrópolis

Rua Frei Luís, 100
25689-900 Petrópolis, RJ
www.vozes.com.br
Brasil

Editoração: Fernando Sergio Olivetti da Rocha
Diagramação: AG.SR Desenv. Gráfico
Capa: Bruno Margiotta

ISBN 978-85-326-3874-8

As indicações bibliográficas seguem as normas da American Psychological Association (APA).

Este livro foi composto e impresso pela Editora Vozes Ltda.

Índice

Prefácio

A divulgação e aceitação da Psicologia vem se tornando cada vez mais consistente na sociedade brasileira. E, no interior da Psicologia, as pesquisas e práticas sobre habilidades sociais parecem alcançar boa visibilidade, considerando o elevado número de estudos apresentados em congressos, a organização de simpósios exclusivos nessa temática e a formação de grupos de pesquisas com intercâmbio frequente entre os mesmos. Adicionalmente, observa-se um aumento de publicações nessa temática. Isso tudo permite afirmar que existem fortes evidências do crescimento do campo das habilidades sociais e não seria exagero supor uma espécie de "movimento das habilidades sociais" na Psicologia em nosso país.

Lembrando tudo isso, chama a atenção o fato de que, há apenas uma década, foi publicado no Brasil o primeiro livro (*Psicologia das habilidades sociais: terapia, educação e trabalho*) abordando as bases conceituais e aplicações dos conhecimentos sobre habilidades sociais. Todavia, há algum tempo vimos sentindo a necessidade de um novo livro que pudesse responder algumas das perguntas recorrentes dos estudiosos da área das habilidades sociais. Essas perguntas, quase invariavelmente, giram sobre o mesmo assunto: Quais as abordagens predominantes no Treinamento das Habilidades Sociais atualmente? Qual o lugar e o *status* da análise do comportamento? Há predominância da abordagem x ou y? Como conciliar diferentes abordagens de matrizes teóricas divergentes? Existem inovações nos procedimentos de intervenção? Quais os avanços recentes nos estudos sobre os componentes não verbais e paralinguísticos? O que existe de tecnologia de avaliação das habilidades sociais disponível no país?

Tais perguntas mostram um saudável interesse na busca de atualidade teórica e metodológica, evidenciando a necessidade de preencher certa lacuna na análise do desenvolvimento do Treinamento das Habilidades Sociais. A maioria dos livros geralmente prioriza uma análise histórica, enfatizando a pluralidade teórica na constituição desse campo, mas não responde a algumas das questões que vêm sendo formuladas em diferentes encontros acadêmicos.

Os principais temas deste livro, ainda que pensados já há algum tempo, foram definidos quando da vinda do Professor Gresham, da Universidade de Louisiana, à Universidade Federal de São Carlos em agosto/setembro de 2008. Durante os intervalos e após as aulas, muitos assuntos foram discutidos, mas alguns temas eram predominantes.

Nessas conversas, lançamos a ideia de um livro com capítulos elaborados por pesquisadores especialistas de diferentes abordagens, o que foi de imediato apoiado pelo Professor Gresham. Após a finalização de seu curso para os alunos de pós-graduação dos programas de Educação Especial e de Psicologia, selamos nosso acordo, obtendo dele o compromisso de participar com um capítulo sobre a Análise Aplicada do Comportamento, já com data de entrega definida. Nosso livro estava saindo do campo da ideia para se tornar um projeto possível de ser concretizado.

O passo seguinte foi contatar o Professor Vicente Caballo, da Universidade de Granada (Espanha), com quem já mantínhamos intercâmbio de cooperação há algum tempo. O Professor Caballo também rapidamente concordou em se responsabilizar por um dos capítulos no tema sugerido, Abordagem Cognitiva no Treinamento de Habilidades Sociais, com a colaboração de dois outros participantes de seu grupo de pesquisa. Tudo acertado, faltava apenas definir o responsável pelo capítulo sobre a Teoria Social-Cognitiva de Bandura. Fizemos contato com o Professor Fabián O. Olaz, da Universidade de Córdoba (Argentina), que também aceitou prontamente a incumbência.

Para completar os temas que a obra deveria incluir, nos incumbimos de dois capítulos, um sobre os componentes não verbais e paralinguísticos no modelo das habilidades sociais, batizados pela sigla NV&P, e outro sobre avaliação de habilidades sociais cotejando as questões conceituais. Esses capítulos também preenchem uma lacuna nas publicações sobre habilidades sociais no país, complementando o conteúdo deste livro. Cada capítulo pode ser lido independente, mas a leitura de todos fornece uma visão ampla e atual dos vários modelos e temas candentes da área do Treinamento das Habilidades Sociais.

A maioria das tarefas deste projeto foi dividida entre os dois organizadores, cada um com maior contribuição no capítulo que assinava em primeiro lugar. Contudo, Zilda se incumbiu da revisão do primeiro capítulo, visando melhor compreensão do conteúdo do texto à nossa língua. Revisões adicionais foram realizadas pelos dois organizadores, que também se incumbiram das versões dos capítulos escritos em espanhol.

No ensejo, queremos lembrar o que Argyle, um dos pioneiros no estudo sobre habilidades sociais, escreveu há quase quarenta anos e que, embora tenhamos avançado bastante no conhecimento sobre habilidades sociais, ainda nos parece atual:

> A interação social é um fascinante e desconcertante objeto de estudo: por um lado, é intuitiva e familiar; por outro, é misteriosa e inexprimível – parece não existirem palavras para descrevê-la ou conceitos para interpretá-la.

Durante todo esse tempo muitos estudos contribuíram para aumentar a compreensão sobre habilidades sociais, competência social, interação social e outros temas. Esperamos que este livro também auxilie na concretização desse objetivo e que os estudiosos das habilidades sociais e assuntos correlatos encontrem, nestas páginas, respostas às muitas questões próprias de um campo em construção.

Ao apresentar este livro, queremos agradecer aos pesquisadores participantes pela competência que imprimiram aos seus respectivos capítulos. Certamente, o resultado final traz grande contribuição para o conhecimento das habilidades sociais como objeto de estudo e também para a Psicologia em geral.

Somos gratos, ainda, a outros colaboradores. À Ana Carolina Braz, aluna do Programa de Pós-Graduação em Psicologia, pela primeira versão, do inglês para o português, do capítulo do Professor Gresham. Ao colega Julio Cesar Coelho de Rose (UFSCar), e às alunas Bárbara Carvalho Ferreira e Vivian Stabile Fumo (alunas dos programas de pós-graduação em Psicologia e em Educação Especial, respectivamente), pela leitura do nosso capítulo sobre componentes não verbais e paralinguísticos.

Gostaríamos de mencionar que este trabalho faz parte de nossos compromissos com o Conselho Nacional de Pesquisa (CNPq), que vem nos apoiando com bolsas de produtividade em pesquisa. Antecipadamente agradecemos aos leitores que queiram nos enviar críticas ou sugestões, pelo que disponibilizamos nossos endereços eletrônicos: adprette@ufscar.br e zddprette@ufscar.br e a nossa página web: http://www.rihs.ufscar.br

Almir e *Zilda*

Sobre os autores

Almir Del Prette (org.)

Professor da Universidade Federal de São Carlos. Pesquisa há vários anos habilidades sociais, com ênfase em questões teóricas e de intervenção. Recentemente vem estudando temas paralelos ou com interface com habilidades sociais como inclusão escolar, alta dotação e depressão em adolescentes.

Zilda A.P. Del Prette (org.)

Professora da Universidade Federal de São Carlos. Dedica-se há vários anos a pesquisas sobre habilidades sociais. Tem diversificado seus interesses em estudos de questões metodológicas, envolvendo procedimentos, métodos e técnicas de avaliação, bem como de promoção de habilidades sociais.

Fabián O. Olaz

Professor da Universidade Nacional de Córdoba (Argentina). Vem se dedicando ao estudo da Teoria Social-Cognitiva de Albert Bandura, buscando suas interfaces com habilidades sociais. Seu interesse também se relaciona com o campo da Psicometria, tendo adaptado o Inventário de Habilidades Sociais (IHS-Del-Prette) para seu país.

Frank Mainard Gresham

Professor da Louisiana State University (Baton Rouge – Estados Unidos). Seu interesse principal de atuação está focado na Psicologia da Educação e Escolar, principalmente em habilidades sociais de crianças e adolescentes. Dedica-se ultimamente ao desenvolvimento de escalas breves de avaliação continuada, que podem ser usadas também por pais e professores.

Isabel Cristina Salazar

Doutoranda em Psicologia na Universidade de Granada (Espanha). Seu interesse está focado principalmente na Psicologia da Saúde, em tópicos como ansiedade social, fobia social, estilos de vida e aderência ao tratamento de doenças crônicas.

María Jesús Irurtia

Professora da Universidade de Valladolid (Espanha). Tem experiência em avaliação clínica de transtornos psicológicos. A sua prática docente inclui avaliação na área jurídica. Atualmente vem realizando pesquisas sobre ansiedade social, habilidades sociais, medos infantis e *bullying*.

Vicente E. Caballo

Catedrático da Universidade de Granada (Espanha). Atua na área de clínica, conduzindo pesquisas e orientações sobre personalidade, avaliação e tratamento psicológico. Além de estudos sobre habilidades sociais, seu interesse está direcionado para pesquisas em temas como fobia social, transtornos de personalidade e estudos transculturais.

Capítulo 1

Análise do comportamento aplicada às habilidades sociais

Frank M. Gresham

O desenvolvimento e a implementação de intervenções comportamentais para ensinar habilidades sociais (HS) e/ou para superar dificuldades interpessoais de crianças e adolescentes é um importante campo de atuação de psicólogos e educadores. Intervenções comportamentais efetivas utilizam estratégias e procedimentos para superar problemas de comportamento em oposição às estratégias baseadas em consequências aversivas que punem e procuram impedir a ocorrência de problemas de comportamento. O Treinamento de Habilidades Sociais consiste em uma estratégia cujo objetivo é a prevenção de futuras dificuldades comportamentais por meio do ensino e da facilitação de padrões de comportamentos prossociais que podem reduzir efetivamente a ocorrência de problemas de comportamento.

O objetivo do presente capítulo é discutir abordagens analítico-comportamentais aplicadas ao treinamento de habilidades sociais com crianças e jovens. Tradicionalmente, o Treinamento de Habilidades Sociais (THS) derivou-se de quatro amplas categorias teóricas de intervenções comportamentais: a teoria da aprendizagem social, a teoria cognitivo-comportamental, a teoria neobehaviorista de estímulo-resposta e a análise aplicada do comportamento. Essas várias abordagens ao THS são baseadas em evidências e provêm de literaturas diversas, incluindo psicologia clínica, aconselhamento psicológico e psicologia escolar. A literatura sobre as abordagens analítico-comportamentais aplicadas é, de alguma forma, mais restrita, e pode ser encontrada basicamente nas áreas de Análise Aplicada do Comportamento e da Educação Especial.

1. Análise do comportamento e habilidades sociais: uma visão geral

A Análise Aplicada do Comportamento (AAC) deriva-se diretamente do trabalho de Skinner (1953) sobre o condicionamento operante e baseia-se na contingência de três termos que descrevem a relação funcional entre antecedentes, comportamentos e eventos consequentes a fim de delinear intervenções (baseadas na função) para mudar comportamentos socialmente relevantes (Gresham, 2004; Gresham, Watson & Skinner, 2001).

A noção de problemas de comportamento concorrentes é importante na concepção da AAC sobre os déficits em habilidades sociais de crianças e adolescentes. O objetivo da AAC é determinar a função de um problema de comportamento, em situações específicas, de modo que um maior número de comportamentos substitutivos e socialmente apropriados, com a mesma função, possam ser identificados e facilitados. Problemas de comportamento concorrentes competem ou interferem efetivamente com a aquisição ou desempenho de habilidades sociais específicas. Por exemplo, uma criança com história de comportamento não cooperativo, opositivo e coercitivo pode apresentar dificuldade para aprender padrões de comportamentos prossociais (tais como partilha, cooperação e autocontrole) devido à ausência de oportunidades para a aprendizagem ou desempenho desses comportamentos, considerando-se a função concorrente dos comportamentos aversivos (Eddy, Reid & Curry, 2002).

1.1. Fundamentação conceitual e teórica

Para desenvolver relacionamentos bem-sucedidos com colegas, pais e professores, as crianças e adolescentes precisam adquirir habilidades sociais. Uma importante distinção teórica sobre comportamento social é a diferença entre os conceitos de habilidades sociais e competência social. As habilidades sociais constituem uma classe específica de comportamentos que um indivíduo emite para completar com sucesso uma tarefa social. Tarefas sociais podem incluir entrar em um grupo de colegas, iniciar e manter conversação, fazer amigos, brincar com os amigos etc. É importante notar que as tarefas sociais requerem algumas formas discretas e inter-relacionadas de comportamento social. A competência social é um termo avaliativo baseado em julgamentos (de acordo com determinados critérios) de que o indivíduo desempenhou adequadamente a tarefa social. Esses julgamentos são feitos por agentes sociais com quem o indivíduo interage em ambientes naturais (escola, casa, comunidade). De acordo com essa compreensão, as habilidades sociais são comportamentos específicos exibidos em situações igualmente específicas que são julgados como competentes ou não no cumprimento da tarefa social.

A competência não necessariamente implica desempenhos excepcionais, ela somente indica que um dado desempenho social foi adequado (McFall, 1982). Gresham (1986) sugeriu que as avaliações de competência social devem ser baseadas em três critérios: (a) julgamentos relevantes sobre o comportamento social de um indivíduo (por colegas, professores ou pais); (b) avaliações de comportamento social relacionado a padrões ou critérios explícitos e preestabelecidos (número de passos desempenhados com sucesso em uma tarefa); e (c) desempenhos comportamentais compatíveis com padrões normativos (por exemplo, escores em escalas de avaliação de habilidades sociais). É importante notar que os comportamentos sociais, em si mesmos, não devem ser considerados como "socialmente habilidoso" se não se levar em conta seu impacto sobre o julgamento de agentes sociais em um determinado ambiente social. Resumindo, as habilidades sociais são altamente contextuais e, em última análise, baseadas em julgamento.

1.2. Definições de habilidades sociais

Numerosas definições de habilidades sociais têm sido desenvolvidas nos últimos trinta anos. Merrell e Gimpel (1998) identificaram pelo menos quinze definições de habilidades sociais que surgiram na literatura especializada. A despeito dessa quantidade de definições, as habilidades sociais talvez sejam melhor entendidas como uma *classe de respostas* comportamentais, uma vez que comportamentos sociais específicos são agrupados sob a categoria de "habilidade social". Da perspectiva da AAC, uma classe de resposta é um conjunto de comportamentos topograficamente distintos que são funcionais em responder a uma determinada tarefa social. Por exemplo, estabelecer contato visual, engajar-se em intercâmbios verbais recíprocos e encerrar uma sequência de interações verbais recíprocas são membros de uma mesma classe de respostas para a conclusão bem-sucedida da tarefa social de conversação. Baer (1982) sugeriu que a marca registrada de uma classe de resposta consiste em procedimentos de modificação comportamental que, se aplicados para um subconjunto de uma classe de respostas, produziriam resultados similares em todos os membros daquela classe de respostas.

Conceitualmente, as habilidades sociais são competências que: (a) facilitam a iniciação e manutenção de relacionamentos sociais positivos, (b) contribuem para a aceitação por colegas e (c) resultam em ajustamento escolar satisfatório. As habilidades sociais podem, portanto, ser definidas como comportamentos aprendidos e socialmente aceitáveis que permitem ao indivíduo interagir efetivamente com outros e evitar ou fugir de comportamentos não aceitáveis que resultem em interações sociais negativas (Elliott & Gresham, 2008; Gresham & Elliott, 2008).

Um modo útil para descrever habilidades sociais é fundamentado no conceito de validade social (Kazdin, 1977; Wolf, 1978). Nessa perspectiva, as habilidades sociais são definidas como comportamentos sociais que ocorrem em situações específicas que resultam em desfechos sociais importantes para crianças e adolescentes (Gresham, 1983, 1986). Desfechos socialmente importantes são aqueles que agentes sociais-chave (colegas, professores, pais) consideram importantes, adaptativos e funcionais dentro de cenários específicos. Dito de outra forma, esses desfechos socialmente importantes são aqueles que fazem a diferença na adaptação do indivíduo tanto às expectativas da sociedade como às demandas comportamentais de ambientes específicos nos quais ele funciona (Walker, Forness, Kauffman, Epstein, Gresham, Nelson & Strain, 1998).

Quais são os desfechos socialmente importantes? Pesquisas têm indicado que alguns dos desfechos socialmente mais importantes para crianças e adolescentes incluem aceitação por colegas (Crews, Bender, Gresham, Kern, Vanderwood & Cook, 2007; Newcomb, Bukowski & Pattee, 1993; Parker & Asher, 1987), sucesso acadêmico e ajustamento escolar (DiPerna, Volpe & Elliott, 2002; Hersh & Walker, 1983; Walker, Irwin, Noell & Singer, 1992), e aceitação por professores e pais (Gresham, 2002; Gresham & Elliott, 2008). Crianças pouco aceitas ou rejeitadas por colegas, com poucas amizades ou pobre ajustamento escolar, encontram-se em uma situação de risco ainda maior para desfechos não adaptativos ao longo de toda vida. Parker e Asher (1987) mostraram que crianças com dificuldades em relacionamentos com colegas apresentavam com frequência um padrão de comportamento que pode ser descrito como antissocial e agressivo, envolvendo repetidas violações das normas escolares. Na ausência de intervenções efetivas, é provável que esse padrão de comportamento continue e se transforme em formas mais perniciosas e resistentes de comportamento não adaptativo (Patterson, DeBaryshe & Ramsay, 1989; Reid, 1993; Walker, Ramsay & Gresham, 2004).

1.3. Classificação dos déficits em habilidades sociais

Outra característica conceitual importante das habilidades sociais que possui implicações diretas para o delineamento e implementação de programas de intervenção em habilidades sociais é a distinção entre *déficits de aquisição* e *déficits de desempenho* de habilidades sociais (Gresham, 1981a, 1981b). Essa distinção é importante porque diferentes abordagens de intervenção em déficits de habilidades sociais são requeridas e diferentes cenários (por exemplo, toda a sala de aula *versus* grupos específicos e em particular) são indicados dependendo da severidade dos déficits da criança.

Os *déficits de aquisição* resultam tanto da ausência de conhecimento sobre como desempenhar uma dada habilidade social em determinada tarefa como da inabilidade de apresentar fluentemente uma sequência de comportamentos sociais, ou, ainda, dificuldade em conhecer qual habilidade social é apropriada em situações específicas (Gresham, 1981a, 2002). Déficits de aquisição podem ser caracterizados como problemas do tipo "não consigo fazer" já que a criança não consegue desempenhar a habilidade social mesmo sob as condições mais favoráveis.

Déficits de desempenho podem ser definidos como uma falha no desempenho de uma determinada habilidade social em níveis aceitáveis mesmo quando a criança sabe como desempenhá-la. Esse tipo de déficit em habilidades sociais pode ser pensado como um problema do tipo "eu não vou fazer" em que a criança sabe o que fazer, mas recusa-se a desempenhar uma habilidade social em particular. Déficits desse tipo são melhor compreendidos como problemas motivacionais ou de desempenho do que como problemas de aprendizagem ou aquisição.

1.4. Comportamentos concorrentes e Lei da Igualação

Outro componente importante na compreensão de déficits em habilidades sociais é a noção de problemas de comportamento concorrentes (Gresham & Elliott, 1990, 2008). Problemas de comportamento concorrentes efetivamente competem com ou "bloqueiam" a aquisição ou o desempenho de determinada habilidade social. Os problemas de comportamento concorrentes podem ser classificados como padrões de comportamento externalizantes (desobediência, agressão ou comportamento coercitivo) ou internalizantes (ansiedade, isolamento social ou depressão). Por exemplo, uma criança com história de comportamentos opositivos e não obedientes pode falhar em aprender comportamentos prossociais como cooperação, partilha, e autocontrole devido à falta de oportunidade para isso. De modo similar, uma criança com história de ansiedade social, isolamento social e timidez pode não aprender comportamentos sociais apropriados devido ao seu isolamento do grupo de colegas, o que significa falta de oportunidades para aprender habilidades de relacionamento com os colegas (Gresham, Van & Cook, 2004).

Os déficits de desempenho em habilidades sociais, como já mencionado, são primariamente devido a variáveis motivacionais mais do que a uma falta de conhecimento ou aprendizagem sobre como emitir determinada habilidade social. Um dos princípios de aprendizagem conceitualmente mais importantes para explicar a relação entre déficits de desempenho em habilidades sociais e problemas de comportamentos concorrentes é a *Lei da Igualação* (*Matching Law,* de Herrnstein, 1961, 1970). A Lei da Igualação afirma que a frequência relativa de um dado comportamento está associada à sua taxa relativa de reforçamento. Em outras palavras, a taxa de resposta corresponde à taxa de reforçamento. Nos estudos sobre Igualação há esquemas concorrentes de reforçamento que se referem a um arranjo experimental em que duas ou mais respostas são reforçadas de acordo com dois ou mais esquemas de reforçamento simultâneos, porém quantitativamente diferentes (esquemas concorrentes de reforçamento).

A Lei da Igualação lida com a questão do "comportamento de escolha" em que comportamentos com maiores taxas de reforçamento serão "escolhidos" com maior frequência do que os comportamentos reforçados com taxas menores. Por exemplo, se o comportamento agressivo é reforçado a cada três vezes que ocorre e o prossocial a cada 15 vezes, a Lei da Igualação prevê que, dada a razão entre os dois esquemas de reforçamento (15/3=5), o agressivo será, em média, desempenhado cinco vezes mais frequentemente do que o prossocial. Pesquisas em cenários naturalísticos têm mostrado consistentemente que o comportamento observado sob esquemas de reforçamento concorrente seguia com muita precisão a Lei da Igualação (Martens, 1992; Martens & Houk, 1989; Martens, Lochner & Kelly, 1992; Synder & Stoolmiller, 2002).

Maag (2005) sugeriu que um modo de diminuir "problemas de comportamentos concorrentes" é ensinar comportamentos positivos substitutos ou o que ele chamou de Treinamento de Comportamento Substituto ou TCS (em inglês, *Replacement Behavior Training*, ou RBT). O TCS pode ajudar a resolver muitos problemas descritos na literatura do campo das habilidades sociais, tais como a baixa generalização e manutenção, as evidências de tamanhos de efeito modestos e a baixa validade social do comportamento-alvo (Cook, Gresham, Kern, Barreras, Thornton & Crews, 2008; Gresham, 1998; Gresham, Cook, Crews & Kern, 2004). O TCS é fundamentado na premissa de que, na avaliação funcional do comportamento, o objetivo é identificar um comportamento prossocial com a mesma função do problema de comportamento concorrente. Em síntese, o TCS procura identificar comportamentos prossociais *funcionalmente equivalentes* para substituir os problemas de comportamentos concorrentes. Dois ou mais comportamentos são funcionalmente equivalentes se eles produzem quantidade similar de reforçamento (Horner & Billingsley, 1988).

2. Avaliação de habilidades sociais

De uma perspectiva da Análise Aplicada do Comportamento (AAC), os procedimentos de avaliação de habilidades sociais buscam identificar a *função* de um comportamento social por meio da avaliação funcional do comportamento, aqui referida como AFC (em inglês, *Functional Behavioral Assessment*, ou FBA). Baseada na funcionalidade do comportamento de um indivíduo, a AFC pode ser definida como um conjunto de métodos de coleta de informações sobre eventos antecedentes, comportamentos e consequências com o objetivo de determinar a razão (função) do comportamento. Assim que a função do comportamento é determinada, essa informação pode ser utilizada no delineamento de intervenções para reduzir problemas de comportamento e para aumentar alternativas de comportamentos prossociais (Gresham, Watson & Skinner, 2001). A AFC não é um simples teste ou observação, mas sim uma estratégia multimodal envolvendo observações, entrevistas, revisões dos registros e preenchimento de *checklists* desses comportamentos, seus antecedentes e consequentes. O objetivo fundamental da AFC é identificar as condições ambientais associadas à ocorrência e à não ocorrência do comportamento. Nessa abordagem, a função do comportamento é representada por uma mudança na variável independente (condições ambientais) e o efeito é representado por uma mudança na variável dependente (comportamento).

A função do comportamento refere-se aos resultados ou consequências do comportamento em um dado ponto do tempo. As funções comportamentais podem ser amplamente classificadas em duas categorias: (a) funções de reforçamento positivo e (b) funções de reforçamento negativo. Funções de reforçamento positivo colocam o comportamento em contato com estímulos que aumentam a probabilidade de ocorrência desse comportamento. As funções de reforçamento positivo incluem (Carr, 1994): atenção social, acesso a reforçadores tangíveis ou a atividades preferidas e estimulação interna (reforço automático ou sensório). As funções de reforçamento negativo resultam em fuga, evitação, atraso ou redução de um estímulo aversivo, aumentando, assim, a probabilidade de ocorrência de tais comportamentos (Iwata, 1987). Reforçamento positivo ou negativo possui um efeito similar sobre o comportamento (aumento), no entanto diferem quanto ao tipo de mudança no estímulo que segue ao comportamento. Em síntese, reforçamento positivo fortalece o comportamento ao adicionar um estímulo (reforçador positivo) que antes estava *ausente* e o negativo fortalece um comportamento que elimina um estímulo antes *presente* (reforçador negativo).

2.1. Princípios subjacentes à Análise Funcional do Comportamento

A aplicação dos princípios da AFC para a compreensão do comportamento requer um conhecimento básico do conceito de contingências. Contingências descrevem a relação entre comportamento (B, do inglês *Behavior*) e suas condições antecedentes (A) e consequentes (C). Muito embora as condições antecedentes específicas precedam e possam ser associadas a um comportamento, elas não descrevem a função do comportamento. A partir de uma perspectiva da AAC, comportamentos são mantidos por (são uma função de) consequências que ocorrem de maneira contingente a esses comportamentos.

Eventos consequentes. Conforme descrito anteriormente, há apenas duas funções amplas do comportamento: reforçamento positivo e reforçamento negativo. Reforçamento positivo pode vir na forma de atenção social, o que inclui tanto elogio, simpatia, contato visual, consolo, sorrisos como restrições, reprimendas, sobrancelhas franzidas (McComas & Mace, 2000). Reforçamento positivo também pode resultar no acesso a consequências tangíveis (brinquedos, comida, vestimentas) ou acesso às atividades preferidas (por exemplo, assistir à televisão, tempo para jogos no computador, ouvir música).

Quando um comportamento é negativamente reforçado, a função do comportamento é remover, evitar, pospor ou reduzir contato com um estímulo. Engajar-se em comportamentos que reduzem ou modificam as exigências de uma tarefa é um exemplo de comportamento que pode ser negativamente reforçado. A duração e/ou novidade da tarefa e outras fontes de estímulos aversivos podem estabelecer a fuga ou evitação como um reforçador para o comportamento de uma pessoa. Ao conduzir as AFCs, é importante identificar as contingências de reforçamento positivo e negativo e as condições específicas dos antecedentes sob os quais o comportamento ocorre.

Eventos antecedentes. Conforme já mencionado, um aspecto central da AAC é que o comportamento ocorre ou não como função de suas consequências. A AFC objetiva identificar eventos consequentes como funções controladoras do comportamento, pois os eventos antecedentes são vistos como secundários e derivados das consequências (Smith & Iwata, 1997). Os eventos antecedentes, todavia, podem exercer influência substancial sobre o comportamento. Os eventos antecedentes podem ser classificados como estímulos discriminativos, operações estabelecedoras ou eventos disposicionais. Cada um desses eventos antecedentes será descrito brevemente nos parágrafos a seguir.

Um estímulo discriminativo (S^D) é um evento antecedente que está associado [com], e de algum modo sinaliza que uma resposta será reforçada. Virtualmente, todo comportamento operante está sob controle de estímulos e, se não fosse assim, todo comportamento poderia ser igualmente provável em todas as ocasiões, resultando em caos (Skinner, 1953). O comportamento reforçado na presença de um determinado estímulo e não na de outro estímulo é considerado como estando sob *controle daquele estímulo*. Por exemplo, participar de um jogo com o colega preferido está sob controle do estímulo "colega preferido" e não sob controle de estímulo de outros colegas. Nesse caso, a presença do colega preferido sinaliza ocasião para jogar. Os procedimentos de treinamento de habilidades sociais que recorrem ao reforçamento diferencial estão fundamentados no princípio do controle de estímulos e serão descritos adiante nesse capítulo.

Outros eventos antecedentes que exercem influência sobre o comportamento são conhecidos como Operações Motivadoras (OMs). As OMs podem ser de dois tipos: estabelecedoras e abolidoras. Uma *Operação Estabelecedora* (OE) é definida como uma variável que altera temporariamente a efetividade reforçadora ou punitiva de um estímulo, objeto ou evento consequente ao comportamento (Michael, 2000). As OEs: (a) aumentam a saliência momentânea de um estímulo como um reforçador e (b) aumentam a probabilidade de ocorrência de comportamentos associados com aquele estímulo (Smith & Iwata, 1997). Por exemplo, não beber líquidos e exercitar-se intensamente por um período de tempo são OEs para o aumento da efetividade de líquidos como reforçadores para o comportamento de ingestão de líquidos e outros comportamentos associados com a obtenção de líquidos. As *Operações Abolidoras* (OAs) diminuem a efetividade, reforçadora ou punitiva, de um estímulo, objeto ou evento consequente ao comportamento. Para ilustrar, alimentar-se suprime momentaneamente a efetividade da comida como um reforçador.

As OEs e OAs não têm suas propriedades funcionais derivadas do processo de reforçamento diferencial, como é o caso do estímulo discriminativo. As operações motivacionais medeiam a efetividade de um estímulo enquanto reforçador para aumentar a frequência de comportamentos (como operações estabelecedoras) ou para diminuir comportamento (como ocorre com as operações abolidoras). Vollmer e Northrup (1996) mostram que o metilfenidato administrado a crianças com transtorno de déficit de atenção e hiperatividade (TDAH) atuou como uma OE alterando a efetividade de reforçadores comumente utilizados em sala de aula, como atenção social de colegas e evitação da tarefa. O conhecimento sobre Operações Estabelecedoras pode aumentar substancialmente a efetividade de uma dada intervenção devido às diferentes funções do comportamento em presença ou em ausência de uma OE.

Eventos Disposicionais são eventos antecedentes que são removidos do tempo e local de ocorrência do comportamento, mas que continuam funcionalmente relacionados àquele comportamento (Bijou & Baer, 1961; Kantor, 1970; Wahler & Fox, 1981). Dado um evento disposicional particular, um comportamento específico é mais provável de ocorrer do que se aquele evento estiver ausente. Por exemplo, entrar em uma briga no ônibus, a caminho da escola, pode ser um evento disposicional para a desobediência ao professor, posteriormente naquele dia letivo. Diferentemente de S^Ds, eventos disposicionais não estão presentes no tempo e local de ocorrência do comportamento, mesmo que esse comportamento esteja funcionalmente relacionado a esses eventos. E, diferentemente das OEs, os eventos disposicionais não necessariamente alteram a efetividade momentânea de um reforçador. Deve ser notado que alguns analistas do comportamento consideram os eventos disposicionais como exemplo de um tipo de OE (ver Smith & Iwata, 1997). Um tratamento mais abrangente de toda a área de controles antecedentes pode ser encontrado no volume editado por Luiselli e Cameron (1998).

2.2. Métodos e procedimentos da Análise Funcional do Comportamento

Os métodos de Análise Funcional do Comportamento (AFC) podem ser categorizados como (a) *indiretos*, que utilizam entrevistas, registros históricos ou de arquivos, *checklists* e escalas de avaliação, (b) *diretos* ou *descritivos*, que se baseiam na observação sistemática de comportamento em ambientes naturais e (c) *experimentais*, que aplicam protocolos experimentais padronizados para sistematicamente manipular e isolar as contingências controladoras de problemas de comportamento, em delineamentos experimentais de caso único (Horner, 1994; O'Neill, Horner, Albin, Storey & Sprague, 1997; Witt, Daly & Noell, 2000). Cada um desses métodos será brevemente revisto nas seções seguintes.

Métodos indiretos de Análise Funcional do Comportamento

Métodos indiretos de AFC envolvem a avaliação do comportamento fora do *tempo* e *local* de sua real ocorrência. Entrevistas de Avaliação Funcional (EAF), Registros Históricos ou de Arquivo e *Checklists*/Escalas de Avaliação de Comportamento são os métodos indiretos de análise funcional de comportamentos mais comumente utilizados. As AFCs possuem quatro objetivos principais: (a) identificar e definir operacionalmente o comportamento-alvo, (b) identificar os eventos antecedentes associados ao comportamento-alvo, (c) obter informação preliminar sobre a função – hipotetizada – do comportamento-alvo e (d) identificar comportamentos substitutos prossociais adequados que sirvam à mesma função do problema de comportamento.

Registros escolares com frequência contêm uma quantidade considerável de informações úteis à AFC. Um primeiro passo ao conduzir uma análise funcional do comportamento deveria ser uma revisão sistemática desses registros escolares. As buscas nesses registros são econômicas em termos de tempo e podem eliminar redundâncias desnecessárias no processo de AFC. Os registros escolares são um dos mais valiosos métodos de AFC para comportamentos severos e/ou de baixa frequência, que não são facilmente focalizados na observação direta, como ataques físicos, porte de armas na escola, ou destruição da propriedade escolar. Adicionalmente, em conjunto com as AFCs, os registros escolares podem fornecer um dos únicos meios para se obter informações sobre estudantes que foram suspensos ou expulsos da escola.

As escalas de avaliação de comportamento e as *checklists* podem ser usadas como um complemento de outros métodos de análise funcional e podem servir como um método breve e eficiente de identificação de comportamentos-alvo para uma avaliação funcional direta e em profundidade. Essas avaliações de comportamentos não provêm informação sobre antecedentes e consequentes dos comportamentos-alvo, mas oferecem informação inicial útil referente à seleção dos mesmos.

Embora existam numerosas escalas de avaliação de comportamentos disponíveis, as escalas contidas no Sistema de Promoção de Habilidades Sociais (do inglês, *Social Skills Improvement System,* ou SSiS, de Gresham & Elliott, 2008) são talvez as mais relevantes para investigar e avaliar as intervenções em habilidades sociais. O SSiS consiste em uma ampla série de escalas de avaliação com diferentes informantes (formulários para professores, pais e estudantes) que avaliam habilidades sociais, problemas de comportamento e competência acadêmica de crianças e adolescentes dos três aos 18 anos. Esse instrumento existe em versão inglesa e espanhola[1]. As escalas de avaliação do SSiS medem habilidades sociais por meio de sete áreas amplas: comunicação, cooperação, asserção, responsabilidade, empatia, engajamento e autocontrole. O SSiS também mede problemas de comportamentos concorrentes por meio de cinco áreas extensas: externalizante, internalizante, TDAH, *bullying*, e espectro de autismo. A escala de Competência Acadêmica (apenas para o formulário de professores) avalia os estudantes em áreas de leitura, matemática, motivação e funcionamento intelectual. As es-

1. A versão original do Sistema de Avaliação de Habilidades Sociais (Social Skills Rating System, Gresham & Elliott, 1990) foi traduzida e validada para diversos países, inclusive no Brasil. Detalhes no capítulo 5 (Nota dos Orgs.).

calas de avaliação do SSiS possuem excelentes propriedades psicométricas em termos de evidências de confiabilidade e validade. As estimativas de consistência interna para as escalas amplas excedem 0,95 e estão por volta dos 0,80 para cada uma das subescalas. Os coeficientes de confiabilidade teste-reteste estão todos em 0,80 ou acima para todas as escalas e subescalas, entre avaliadores professores, pais e estudantes.

Métodos diretos de Análise Funcional do Comportamento

A observação direta de antecedentes, comportamentos e consequências é a marca registrada da AFC. As observações diretas devem ser utilizadas para confirmar a informação obtida nos procedimentos de avaliações indiretas mencionados anteriormente. Um método útil para a condução de observações descritivas diretas é a análise de Antecedente-Comportamento-Consequência, utilizando um formulário de registros do tipo A-B-C. Ao utilizar esse procedimento, o comportamento do estudante deve ser observado em sala de aula, *playground*, ou outros ambientes relevantes. O comportamento é observado e também os eventos que acontecem imediatamente antes e após o comportamento são registrados. O procedimento A-B-C permite determinar a função plausível do comportamento.

Os métodos de observação direta utilizados na AFC avaliam *características objetivas* do comportamento como frequência, temporalidade, intensidade e produtos permanentes (Gresham, Watson & Skinner, 2001). Essas dimensões objetivas do comportamento são avaliadas utilizando-se métodos de registro baseados na observação, como os de evento/frequência, de intervalo, os baseados no tempo da resposta (duração, latência, períodos entre respostas), e o registro de produtos permanentes.

Quando uma quantidade suficiente de dados é coletada para uma análise funcional do comportamento, a informação é sintetizada de modo a ser usada para a tomada de decisões de intervenção. Essa síntese possui três passos: (a) formulação de hipóteses comportamentais, (b) construção de um modelo de trajetória alternativa (concorrente) e (c) planejamento abrangente de intervenção baseado nas hipóteses de comportamentos concorrentes e de trajetória alternativa (Sprague, Sugai & Walker, 1998). No Treinamento de Habilidades Sociais, é muito importante identificar comportamentos prossociais que competirão efetivamente com problemas de comportamento, servindo à mesma função comportamental.

Análise funcional experimental

Uma alternativa à avaliação funcional descritiva de comportamento em ambiente natural envolve uma metodologia experimental mais rigorosa que permite afirmações mais seguras quanto à função comportamental. Iwata e colegas foram os pioneiros nessa metodologia em seus estudos de longa duração de comportamento autolesivo (Iwata, Dorsey, Slifer, Bauman & Richman, 1982/1994). Nesse procedimento, os indivíduos são expostos a cada uma das possíveis condições mantenedoras, em um delineamento experimental rigorosamente controlado, como nos delineamentos de linha de base múltipla ou de reversão. Tipicamente, um indivíduo é exposto a quatro possíveis contingências mantenedoras em um ambiente controlado e análogo, com uma condição de jogo utilizada como controle. As quatro possíveis condições mantenedoras são: atenção social, acesso a reforçadores tangíveis, fuga de exigências da tarefa, e reforçamento automático. Taxas dos comportamentos-alvo, sob cada uma dessas condições, são organizadas em gráficos e comparadas, e a condição que produz taxas de resposta dramaticamente maiores é considerada como *funcional* no controle do comportamento.

A despeito do rigor metodológico da análise funcional experimental, há limitações em termos de praticidade e validade externa desses achados. Além disso, a quantidade de tempo e as habilidades requeridas para conduzir uma análise funcional experimental válida limitam o seu uso generalizado, particularmente em cenários escolares.

3. Intervenção em habilidades sociais

A importância da competência social para crianças e adolescentes vem sendo destacada em diferentes serviços e abordagens instrucionais para superar déficits de repertório no funcionamento da competência social. Uma das mais populares, e recentemente controversas, abordagens é o Treinamento de Habilidades Sociais delineado para solucionar déficits de aquisição e desempenho em crianças e para reduzir ou eliminar problemas de comportamentos concorrentes (Gresham, Sugai & Horner, 2001). Uma questão importante a ser resolvida se refere à eficácia (ou não) do THS em promover aquisição, desempenho, generalização e manutenção de padrões de comportamento prossocial, reduzindo problemas de comportamentos concorrentes e fortalecendo os relacionamentos interpessoais com colegas e com adultos. Várias revisões metanalíticas se dedicaram a essa questão, algumas produzindo conclusões conflitantes.

3.1. Achados metanalíticos

Sete estudos de metanálise da literatura do treinamento de habilidades sociais foram conduzidos desde 1985: Schneider e Byrne (1985); Schneider (1992); Quinn, Kavale, Mathur, Rutherford e Forness (1999); Ang e Hughes (2001); Beelmann, Pfingsten e Losel (1994); Losel e Beelman (2003) e Cook, Gresham, Kern, Barreras, Thornton e Crews (2008). Essas metanálises tiveram como foco crianças e adolescentes com dificuldades comportamentais e envolveram aproximadamente 338 estudos e incluíram mais de

25.000 crianças com idades entre 3 a 18 anos. De acordo com essas metanálises, parece haver consistência em como o construto de habilidades sociais tem sido definido para os propósitos de síntese em pesquisa. Essas metanálises sugerem que o construto de habilidades sociais pode ser dividido em três grandes categorias: interação social, comportamento prossocial e habilidades sociocognitivas. Correlatos de habilidades sociais podem ser agrupados em duas categorias: problema de comportamento (externalizante e internalizante) e desempenho/conquista acadêmicos. Essas categorias de habilidades sociais e correlatos comportamentais são consistentes com outros trabalhos na área de habilidades sociais, conduzidos por vários pesquisadores (Caldarella & Merrell, 1997; Coie, Dodge & Coppotelli, 1982; Dodge, 1986; Elliott & Gresham, 2007; Gresham, 2002; Gresham & Elliott, 1990; 2008; Walker & McConnell, 1995; Walker & cols., 1992).

Seis das sete metanálises utilizando delineamento de grupo experimental apresentaram uma média alta de tamanho do efeito (r=.29, faixa=.19-.40) sugerindo que, de modo geral, aproximadamente 65% dos participantes nos grupos de THS melhoraram em comparação a 35% daqueles nos grupos-controle, baseado no arranjo binomial do tamanho do efeito (*Binomial Effect Size Display* or BESD, Rosenthal & Rosnow, 1991). Utilizando os padrões convencionais de Cohen (1977), um tamanho do efeito dessa magnitude pode ser considerado como "moderado". Considerando essas seis metanálises, está claro que o THS produz mudanças práticas significativas no comportamento social, considerando-se as porcentagens de participantes nos grupos de THS que mostraram melhorias. Esses achados, no entanto, são inconsistentes com a metanálise conduzida por Quinn e colaboradores (1999) com crianças e adolescentes com problemas emocionais e comportamentais. Essa metanálise é criticada a seguir quanto a problemas de validade interna dos estudos revisados.

Apenas dois dos 35 estudos na metanálise de Quinn e colaboradores (1999) incluíam crianças que estavam recebendo serviços de educação especial na categoria de emocionalmente perturbados. Os 35 estudos incluídos nessa metanálise não atingiram o critério de inclusão mais rigoroso das outras seis metanálises descritas anteriormente. Mais especificamente, essas metanálises tinham como critério de inclusão, nos estudos analisados, a existência de grupo controle e delineamento experimental ou quase-experimental. Isso não foi mencionado como um dos critérios de inclusão na metanálise de Quinn e colaboradores. Ao invés disso, Quinn e colaboradores utilizaram uma escala de três pontos para estimar a validade interna dos 35 estudos incluídos. Baseada nessa escala, a metanálise incluía, predominantemente, estudos de baixa ou moderada validade interna.

No estudo de Quinn e colaboradores (1999), foi relatado um tamanho do efeito geral de r=.10 para os 35 estudos. Utilizando um arranjo binomial do tamanho do efeito, isso sugere que 55% dos participantes dos grupos de THS melhoraram em relação aos 45% dos participantes do grupo-controle. O tamanho do efeito de r=.10 é pequeno e significativamente menor do que o tamanho do efeito médio de r=.29, relatado nas outras cinco metanálises. Considerando-se algumas graves falhas metodológicas da metanálise de Quinn e colaboradores (1999), esse resultado não deve ser interpretado como índice do *status* do THS para crianças e adolescentes com problemas emocionais e/ou comportamentais ou em situação de risco, em termos de validade de construto, validade interna e validade social. Para uma discussão mais detalhada sobre essas questões, ver Gresham, Cook, Crews & Kern (2004).

Resumo. As revisões metanalíticas da literatura de THS referidas acima sugerem que o THS é uma intervenção eficaz para crianças com problemas emocionais e/ou comportamentais ou em situação de risco. É importante notar que todos os estudos de THS incluídos nessas revisões acima devem ser considerados como *intervenções seletivas de Segundo Nível (Tier)*, ou seja, intervenções tipicamente realizadas individualmente ou em pequenos grupos. Nenhum dos estudos das revisões antes referidas pode ser considerado como intervenções de *Primeiro Nível* ou *Universais* e tampouco como intervenções de *Terceiro Nível*, baseadas na análise funcional, refletindo uma lacuna óbvia na literatura de THS. É evidente que há um grande desequilíbrio na literatura de intervenção em habilidades sociais, dado que virtualmente todos os estudos incluídos nas várias metanálises são intervenções seletivas de *Segundo Nível*. No entanto, isso não significa a inexistência de intervenções baseadas em evidências para as de *Primeiro* e *Terceiro Nível*. Revisões quantitativas dessa literatura sugerem que quase dois terços de crianças que recebem THS melhorarão em comparação com apenas um terço das crianças dos grupos-controle. O THS produz estimativas moderadas de tamanho do efeito utilizando padrões convencionais para esse tipo de análise. A despeito desses achados positivos, algumas questões metodológicas e conceituais importantes ainda precisam ser consideradas na literatura de THS, conforme o descrito nas seções seguintes.

3.2. Procedimentos de intervenção em habilidades sociais

No THS, é importante reconhecer que uma dada criança ou adolescente pode ter alguns déficits de aquisição, de desempenho e alguns problemas de comportamento. Há numerosas estratégias para promover a aquisição e o desempenho de comportamentos prossociais e reduzir problemas de comportamentos concorrentes. O THS possui três objetivos conceituais importantes: (a) promover aquisição de habilidades, (b) aperfeiçoar o desempenho da habilidade e (c) remover ou reduzir problemas de comportamentos concorrentes. A Tabela 1 mostra estratégias de intervenção correspondentes a cada um desses objetivos.

Tabela 1. Objetivos e estratégias no treino de habilidades sociais

Promovendo a aquisição das habilidades

- A. Modelação
- B. Instrução
- C. Ensaio comportamental
- D. Resolução de problemas sociais

Melhorando o desempenho das habilidades

- A. Manipulação de antecedentes
  - 1. Intervenções mediadas por colegas
  - 2. Fornecimento de dicas/direcionamento
  - 3. Pré-correção
- B. Manipulação de consequências
  - 1. Elogio social
  - 2. Correção do erro
  - 3. Contratos comportamentais
  - 4. Notificações escola-casa
  - 5. Reforçamento da atividade
  - 6. Sistemas de pontos ou fichas
- C. Remoção de comportamentos concorrentes
  - 1. Reforçamento Diferencial de Comportamento Incompatível (DRI)
  - 2. Reforçamento Diferencial de Baixas Taxas de Comportamento (DRL)
  - 3. Extinção por fuga
- D. Facilitação da generalização e manutenção
  - 1. Generalização topográfica
    - a. Treino da diversidade
    - b. Explorar contingências funcionais
    - c. Incorporar mediadores funcionais
  - 2. Generalização funcional
    - d. Identificar estímulos competitivos fortes
    - e. Identificar comportamentos-problema concorrentes fortes
    - f. Identificar comportamentos prossociais funcionalmente equivalentes
    - g. Aumentar a confiabilidade e a eficiência de comportamentos funcionalmente equivalentes
    - h. Reduzir a confiabilidade e a eficiência de comportamentos-problema concorrentes

O primeiro objetivo, promover aquisição de habilidades, utiliza basicamente procedimentos derivados da teoria de aprendizagem social e da teoria cognitivo-comportamental, que não serão discutidos nesse capítulo[2]. Para aperfeiçoar o desempenho da habilidade e remover/reduzir problemas de comportamentos concorrentes, contudo, os procedimentos derivados da AAC serão brevemente discutidos a seguir.

Aperfeiçoar o desempenho da habilidade

A maioria das intervenções em habilidades sociais envolve procedimentos delineados para aumentar a frequência de comportamentos prossociais e não para ensinar especificamente como desempenhar um comportamento social. Em outras palavras, muitas dificuldades em habilidades sociais são de *desempenho* ("Não vou fazer") mais do que de déficits de *aquisição* ("Não posso/consigo fazer"). Isso implica que a maior parte das intervenções em habilidades sociais, com crianças, ocorre em contextos naturalísticos como a sala de aula ou a área de lazer do que em contextos de pequenos grupos.

Enquanto déficit de desempenho, as habilidades sociais podem não ser desempenhadas com frequência suficientemente alta ou desejável, devido a dois fatores: (a) arranjos inapropriados de antecedentes e (b) arranjos inapropriados de consequências. Muitas intervenções específicas podem ser classificadas como estratégias baseadas em antecedentes e em consequentes.

Intervenções baseadas em antecedentes têm como foco o arranjo do ambiente social, de forma que o comportamento social apropriado seja mais provável. Por exemplo, o uso de *prompts*, dicas, jogos cooperativos e rearranjos ambientais podem tornar mais pro-

---

2. Nos dois próximos capítulos serão apresentadas técnicas derivadas dessas abordagens (Nota dos Orgs.).

vável a ocorrência do comportamento prossocial-alvo. Na categoria de intervenções baseadas em antecedentes estão incluídas três estratégias básicas: (a) intervenções mediadas por colegas, (b) oferecimento de dicas e *prompts* e (c) relatos positivos de colegas.

As intervenções mediadas por colegas se dividem em três categorias: iniciação, monitoramento e modelação. As estratégias de iniciação consistem em orientar colegas para iniciarem e manterem interações prossociais com crianças socialmente isoladas. O monitoramento por colegas tem sido utilizado principalmente para atenuar deficiências acadêmicas; todavia, ele pode produzir benefícios sociais também. A modelação envolve colegas demonstrando ou oferecendo, para outros estudantes, modelos de comportamentos sociais apropriados. Nesse sentido, a modelação por colegas pode ter função de ajuda (*prompt*), dica ou estímulo discriminativo para o comportamento social apropriado.

O relato positivo por colegas (RPC) é fundamentado na noção de que alguns estudantes obtêm atenção de colegas por meio de comportamentos inapropriados em sala. RPC é uma estratégia de intervenção para a classe toda (*classwide interventions*) que é delineada para atingir as crianças socialmente rejeitadas que perturbam a aula, buscando atenção negativa dessa forma. Colegas de sala acumulam pontos ao elogiarem o aluno-problema por se engajar em comportamentos socialmente apropriados. O RPC permite aos estudantes rejeitados serem socialmente aprovados por agirem de maneira apropriada para obter atenção positiva e também encoraja outros alunos a perceberem o comportamento prossocial alvo do aluno ao invés de simplesmente focar os inapropriados. Outro efeito colateral útil é que isso garante a todos os alunos em sala de aula a oportunidade de exercitar a aprovação e elogio ao comportamento dos colegas.

As intervenções baseadas na consequência envolvem tanto a apresentação como a remoção de eventos, contingentes ao comportamento dos estudantes, que tornam esses eventos mais prováveis. O processo de apresentação e remoção de eventos, contingentes ao comportamento, que aumentam a frequência do comportamento, é conhecido como reforçamento (positivo e negativo, respectivamente). A maioria das intervenções em habilidades sociais se baseia em reforçamento positivo e menos em reforçamento negativo.

As estratégias no uso de reforçamento positivo incluem: (a) estratégias baseadas em reforçamento (elogio social, acesso às atividades preferidas, sistemas de economia de fichas ou pontos), (b) contratos comportamentais, e (c) anotações (caderneta de recados) entre escola e casa. As abordagens baseadas em reforçamento podem também incluir sistemas de contingências em grupo, como o Jogo do Bom Comportamento e suas variações (*Good Behavior Game*[3]).

Contratos comportamentais são acordos escritos entre o estudante e os agentes da intervenção (professores e/ou pais). Esses contratos estabelecem a relação entre o comportamento e suas consequências e devem ser claros, específicos e simples. Contratos comportamentais são efetivos em aperfeiçoar o desempenho e a qualidade dos comportamentos prossociais e em diminuição da frequência dos problemas de comportamentos concorrentes (Elliott & Gresham, 2008).

Os recados escola-casa são meios efetivos de comunicação entre professores e pais a respeito do comportamento social dos estudantes. Os professores podem facilmente utilizar esses recados escola-casa dentro do contexto de programas de instrução de habilidades sociais. Uma abordagem eficiente na condução de intervenções em habilidades sociais é a incorporação de recados escola-casa nos contratos, aproveitando, assim, cada uma das estratégias.

Remover problemas de comportamentos concorrentes

Muitos estudantes apresentam problemas de comportamento que competem efetivamente tanto com a aquisição quanto com o

---

3. Ver: www.jhsph.edu/prevention/Publications/gbg.pdf (Nota dos Orgs.).

desempenho de comportamentos prossociais. Comportamentos como *bullying*, abuso verbal e agressão podem ser reforçados por meio de atenção social (reforçamento positivo). Outros comportamentos, como discutir com professores, sair da carteira e desobediência, podem ser mantidos por fuga de tarefas aversivas (reforçamento negativo).

Há uma quantidade de técnicas úteis para reduzir a ocorrência de problemas de comportamentos concorrentes. Um modo interessante de conceber intervenções, voltadas à redução de problemas de comportamentos concorrentes e ao aumento da ocorrência de comportamentos prossociais, está baseado na Lei da Igualação, discutida anteriormente. O leitor recorda-se que a Lei da Igualação estabelece que a taxa de qualquer comportamento iguala-se à taxa relativa de reforçamento para aquele comportamento. Em síntese, se um problema de comportamento concorrente é reforçado mais frequentemente que um comportamento prossocial, o primeiro ocorrerá mais frequentemente que o segundo.

Um modo de reduzir problemas de comportamentos concorrentes e aumentar comportamentos prossociais se dá pela utilização de reforçamento diferencial. O reforçamento diferencial, como o nome indica, envolve a apresentação de diferentes taxas de reforçamento para diferentes comportamentos. O objetivo do reforçamento diferencial é prover altas taxas de reforçamento para o comportamento prossocial. O efeito líquido dessa estratégia seria o de aumentar a frequência do comportamento prossocial e diminuir a do comportamento concorrente (ou seja, o efeito seguiria o proposto pela Lei da Igualação).

As três estratégias básicas de reforçamento, tipicamente utilizadas, são: reforçamento diferencial de outro comportamento (DRO), reforçamento diferencial de comportamento alternativo (DRA) e reforçamento diferencial de comportamento incompatível (DRI). O DRO envolve a apresentação de um reforçador após qualquer comportamento, exceto o comportamento-alvo. O DRO é usualmente liberado com base em um intervalo de tempo sem ocorrência do comportamento-problema, quando então o primeiro comportamento que ocorre após esse intervalo é reforçado. Por exemplo, se o comportamento-alvo agressão verbal *não* ocorre em um intervalo de um minuto, o primeiro comportamento que ocorrer após um minuto deve ser reforçado. O comportamento pode ser permanecer sentado e em silêncio, trabalhar nas atividades, ou qualquer comportamento, *exceto* agressão verbal[4].

O DRA opera exatamente como o DRO, mas difere pelo fato de que o comportamento alternativo que se quer reduzir é *funcionalmente equivalente* ao comportamento-alvo que se quer aumentar. Por exemplo, se o problema de comportamento concorrente é discutir com os outros, um comportamento alternativo de negociação ou compromisso pode ser reforçado mais frequentemente e o comportamento de discutir não seria reforçado. O DRA é utilizado frequentemente no Treinamento de Comportamento Substituto, descrito anteriormente (ver Maag, 2006).

O DRI refere-se ao reforçamento de comportamentos que são incompatíveis com o problema de comportamento concorrente. Em DRI, a frequência dos problemas de comportamentos concorrentes é reduzida e a frequência de comportamentos prossociais é aumentada. A diferença-chave entre DRO, DRA e DRI é a *incompatibilidade* entre o problema de comportamento concorrente e o comportamento prossocial alternativo. Por exemplo, elogiar os outros é incompatível com insultar os outros, compartilhar é incompatível com ser mesquinho, e levantar a mão antes de conversar é incompatível com interrupções abruptas em aula.

---

4. Ainda que pareça óbvio, é bom lembrar que "qualquer comportamento" a ser reforçado nesse esquema não inclui instâncias da mesma classe que o comportamento-problema, por exemplo, chutar a carteira (Nota dos Orgs.).

4. Questões metodológicas e conceituais

Os programas de THS têm produzido, em média, tamanhos de efeito[5] moderados, de acordo com revisões metanalíticas da literatura. Como notado, esses tamanhos de efeito sugerem que quase dois terços de crianças que recebem THS irão melhorar suas competências sociais. No entanto, outras sínteses têm indicado que o THS produz efeitos insignificantes no comportamento social de crianças (Quinn & cols., 1999). Embora existam potencialmente muitas explicações para esses achados inconsistentes, quatro explicações principais têm sido recorrentemente referidas na literatura sobre resultados do THS: (a) validade social das avaliações, (b) a equivalência entre os tratamentos e os tipos de déficits, (c) questões de integridade de tratamento e (d) questões de generalização e manutenção (Beelman & cols., 1994; Gresham, 1997, 1998; Gresham & cols., 2001; Maag, 2005, 2006; Schneider, 1992). Cada uma dessas explicações será discutida brevemente a seguir.

4.1. Validade social das avaliações

A validade social é um conceito crítico quando se consideram as intervenções para crianças com ou em situação de risco para problemas emocionais e/ou comportamentais. Isso é particularmente verdadeiro quando se interpreta a literatura de THS porque há uma grande distância entre o que são consideradas práticas-padrão *versus* melhores práticas. A validade social pode ser definida em três níveis: (a) significância social dos objetivos da intervenção, (b) aceitabilidade social dos procedimentos de intervenção e (c) im-

---

5. De forma bastante simplificada, tamanho de efeito (*effect size*) é um termo técnico de análise estatística que indica a efetividade média de um procedimento ou programa. É calculado com base em uma amostra de estudos, avaliando-se a diferença entre as médias do grupo experimental e controle e dividindo-a pelo desvio-padrão combinado desses grupos, o que permite estabelecer a real diferença entre eles (Nota dos Orgs.).

portância social dos efeitos das intervenções (Kazdin, 1977; Wolf, 1978). Em síntese, a validação social se direciona a três questões fundamentais no que concerne às intervenções de habilidades sociais: O que nós devemos mudar? Como devemos mudar isso? Como saberemos se isso é efetivo? (Gresham & Lopez, 1996).

Muitos estudos sobre habilidades sociais foram conduzidos sem uma clara compreensão sobre a significância social das habilidades a serem ensinadas na intervenção. A falha metodológica principal em muitas pesquisas sobre THS é que há uma pequena correspondência entre os comportamentos a que se destina a intervenção e os comportamentos que são ensinados na intervenção. Por exemplo, 13 estudos incluídos na metanálise de Quinn e colaboradores (1999) estavam baseados em programas de "habilidades sociais disponíveis comercialmente"; no entanto os comportamentos específicos ensinados nesses programas não estavam baseados nas avaliações dos déficits de habilidades dos participantes, tampouco da importância a eles atribuída pelos usuários do tratamento (por exemplo, professores). Parece que muitos dos estudos sobre THS não levam em conta a significância social dos comportamentos que estão sendo ensinados. Um protótipo de intervenção em habilidades sociais envolve identificar crianças com déficits, oferecer-lhes um treinamento de habilidades sociais (tipicamente em formato de grupo separado, restrito), para ensinar comportamentos sociais considerados importantes pelo pesquisador, mas sem planejar ou programar generalização e manutenção (Gresham, 1997, 1998).

Maag (2006) sugeriu que uma das questões mais importantes no ensino de habilidades sociais é decidir se os comportamentos-alvo poderão melhorar a qualidade de vida dos participantes (ou seja, validade social). Hawkins (1991) prefere o termo validade "habilitativa" a validade social, pois, para ele, os objetivos de todas as intervenções são ampliar a adaptação ou "habilitação" de indivíduos para quaisquer ambientes sociais em que eles possam se encontrar. Gresham e Elliott (1990, 2008) realizaram a validação social de seus instrumentos ao obterem, de informantes-chave (professores e pais), a avaliação sobre a importância, além da frequência de cada habilidade social.

A aceitabilidade social do THS por usuários do tratamento é um importante aspecto do ensino de comportamentos prossociais para crianças com problemas emocionais e/ou comportamentais. A aceitabilidade ao tratamento pode ser definida como julgamentos sobre se um dado tratamento é: (a) adequado em relação a um dado problema, (b) razoável e (c) consistente com o que um tratamento deveria ser (Kazdin, 1981). Também Witt e Elliott (1985) especificaram relacionamentos recíprocos entre quatro características do tratamento: *aceitabilidade*, *viabilidade*, *integridade* e *efetividade*. De acordo com esses autores, a aceitabilidade é a questão inicial mais importante na seleção e na viabilização do tratamento. Nesse modelo, tratamentos mais aceitáveis têm uma probabilidade mais alta de serem adotados e implementados em comparação a tratamentos menos aceitáveis. O uso e a efetividade dos tratamentos são moderados[6] pela integridade com que esses tratamentos são implementados (Gresham, 1989; Gresham, Gansle & Noell, 1993; Gresham & Lopez, 1996).

Pouco se sabe sobre a aceitabilidade das intervenções de THS porque os pesquisadores tipicamente não incluíram avaliações de aceitabilidade em seus estudos (Gresham & cols., 2004). Estabelecendo um paralelo com pesquisa sobre aceitabilidade em outras áreas, a aceitabilidade parece estar relacionada à complexidade do tratamento, tempo requerido para implementar tratamentos e conhecimento/especialidade dos implementadores do tratamento pa-

6. O autor se refere, aqui, ao efeito "moderador" da variável *integridade do tratamento* sobre a efetividade do tratamento, ou seja, a relação entre a intervenção e seus efeitos. Uma variável é dita moderadora quando afeta a direção ou a força da relação entre duas outras variáveis (Nota dos Orgs.).

ra conduzir intervenções comportamentais (Elliott, 1988; Witt & Elliott, 1985). Há uma falta de conhecimento sobre como os usuários do tratamento veem a aceitabilidade do THS, particularmente nos diferentes níveis de intervenção (universal, seletiva e intensiva).

Outra falha metodológica na literatura sobre THS é o insucesso de muitos pesquisadores em utilizar medidas de resultados socialmente válidas. Essas medidas detectam os efeitos *socialmente importantes*, ao invés dos triviais. Medidas de resultados em THS podem ser classificadas com base em um critério de validade social (Gresham, 1983, 1998; Gresham & cols., 2001). Nesse sistema de classificação, as medidas do *Tipo I* representam um objetivo de intervenção socialmente válido porque sistemas sociais (escolas, agências de saúde mental) e pessoas significantes (professores, pais) referem-se às crianças baseados nesses tipos de medidas. As medidas do Tipo I são socialmente válidas no sentido em que predizem resultados de longo prazo que são importantes à sociedade, como evasão escolar, delinquência, dificuldades em saúde mental na idade adulta, e taxas de prisões (Kupersmidt, 1990; Parker & Asher, 1987; Walker & cols., 2004). As medidas do Tipo I incluem o *status* sociométrico (rejeitado, controverso, negligenciado), *status* de amizade, julgamentos de professores e pais sobre comportamento social, e certos tipos de dados de arquivo (encaminhamentos disciplinares, suspensões escolares e taxas de detenção).

As medidas do Tipo I são inerentemente válidas, mas elas podem não ser sensíveis para detectar efeitos da intervenção em curto prazo. Embora muitos usuários de tratamentos possam considerar essas medidas como o ponto de partida na mensuração de produtos da intervenção, a extrema confiança nesses tipos de medidas pode não levar em conta uma grande quantidade de mudança de comportamento (Kazdin, 2001). O uso exclusivo dessas medidas para avaliar os resultados do THS pode levar a erros Tipo II no teste de hipótese, ou seja, manter uma falsa hipótese negativa. É possível que mudanças no comportamento social, relativamente maiores e sustentadas, sejam requeridas antes que causem impacto sobre as medidas do Tipo I de funcionamento social. Sechrest, McKnight e McKnight (1996) sugeriram utilizar o método da *diferença minimamente perceptível* na mensuração dos resultados de um tratamento. Nessa abordagem, a questão passa a ser: Quanta mudança no comportamento social é requerida para ser "percebida" pelos significantes do ambiente da criança? É provável que grandes e consistentes mudanças sejam requeridas em interações sociais positivas entre a criança-alvo e seus colegas antes que elas se reflitam no *status* sociométrico, de amizade, e nas avaliações de professores e pais sobre o comportamento social (Gresham 1998; Gresham & cols., 2004).

As medidas do Tipo II são indicadores ou correlatos da posição da criança nas medidas de Tipo I. Fundamentadas em demonstrações de relações empíricas com medidas do Tipo I, as medidas do Tipo II predizem resultados sociais importantes para crianças e adolescentes (Gresham, 1983, 1998). As medidas do Tipo II mais frequentemente utilizadas são observações diretas do comportamento social em ambientes naturais como sala de aula, *playground*, residência e cenários da comunidade. Essas medidas são frequentemente utilizadas na pesquisa em THS e são exclusivamente empregadas em investigações com delineamento experimental de caso único.

A principal vantagem de medidas de observação direta em programas de THS é que essas medidas são altamente sensíveis na detecção dos efeitos da intervenção. Uma fraqueza na literatura do THS é que as medidas do Tipo II sobre comportamento social muitas vezes não se baseiam em algo como uma estrutura taxonômica ou teórica. Adicionalmente, a confiança exclusiva em medidas do Tipo II pode levar a grandes erros do Tipo I no teste de hipóteses (ou seja, rejeitar uma hipótese negativa verdadeira). A taxonomia anteriormente mencionada por Caldarella e Merrell (1997) provê uma estrutura razoável com definições dos comportamentos de interesse (habilidades de relação com colegas, de autocuidado, de asserção, de cooperação). Além disso, os domínios de habilidades sociais no *Sistema de Avaliação de Habilidades Sociais* (*Social Skills Rating System*, SSRS; Gresham & Elliott, 1990) oferecem uma base teórica forte para derivar medidas do Tipo II de observação direta (cooperação, asserção, responsabilidade, empatia e autocontrole). Um trabalho mais recente, utilizando avaliações diretas de comportamento, combina características da observação direta com características das escalas de avaliação, mostrando-se promissoras enquanto medidas do Tipo II (Chafouleas, Christ, Riley-Tillman, Briesch & Chanese, 2007). A despeito das vantagens das avaliações diretas do comportamento, esse trabalho recente sugere que tais medidas podem não ser generalizáveis entre avaliadores, comportamentos-alvo ou tempo (Chafouleas & cols., 2007).

Uma abordagem para a utilização de avaliações de comportamento para monitorar o progresso consiste em desenvolver escalas de avaliação do comportamento que sejam *sensíveis à mudança*. Escalas desse tipo vêm sendo desenvolvidas e utilizadas como ferramentas de monitoramento de progresso para determinar a dosagem ideal de medicação estimulante para crianças com TDAH em ambientes de sala de aula. DuPaul e Stoner (2003) sugeriram que as avaliações dos sintomas centrais de TDAH (desatenção, impulsividade e hiperatividade), feitas sob diferentes dosagens de medicamento, podem auxiliar os médicos a definirem a dosagem da medicação necessária. Fabiano e colaboradores (2007) empregaram versões breves (uma escala de cinco itens para comportamentos de Desatenção-Atividade e outra para comportamentos Opositivo-Desafiantes) das Escalas de Avaliação por professores de Conners (IOWA Conners; Milich & Loney, 1982) que foram então preenchidas diariamente pelos professores para avaliar os efeitos da dosagem da medicação em crianças com TDAH. Várias escalas de avaliação focadas e sensíveis à mudança têm sido produzidas e utilizadas desse modo, inclusive a Escala de Avaliação por professores de Conners (Ullman, Sleator & Sprague, 1985) e a IV-Escala de Avaliação de TDHD (DuPaul & cols., 1998). Essas escalas breves de avaliação de comportamento são preferidas às medidas mais amplas e abrangentes, pois avaliações breves oferecem informação mais focada na mudança comportamental e são mais práticas e eficientes para o uso por professores e pais.

Uma lógica similar pode ser aplicada ao desenvolvimento de medidas de habilidades sociais sensíveis à mudança, com base em escalas existentes, como o Sistema de Avaliação de Habilidades Sociais (Gresham & Elliott, 1990), o Sistema de Promoção de Habilidades Sociais (Gresham & Elliott, 2008) e as escalas de Competência Social e Ajustamento Escolar (Walker-McConnell, 1995). Na realidade, o trabalho atual e em curso está focado sobre o desenvolvimento de escalas breves de avaliação de habilidades sociais e de problemas de comportamentos concorrentes (Gresham & Cook, 2008).

As medidas do Tipo III são as menos socialmente válidas na mensuração de competência social de crianças porque elas mostram relações fracas ou inexistentes com medidas de Tipo I ou Tipo II (Gresham, 1986, 1998). As medidas de Tipo III podem aparentar alguma validade social porque elas parecem medir importantes aspectos de habilidades sociais. Por exemplo, medidas comportamentais de desempenho de papéis (conduzidos em ambientes análogos), medidas de resolução de problemas sociais, e vários índices de cognição social podem ser classificados como medidas do Tipo III. Há pouca evidência sugerindo que essas medidas estejam relacionadas a comportamentos sociais que ocorrem naturalmente, observáveis em ambientes escolares, a *status* sociométrico ou a julgamentos de professores e pais. Uma quantidade de estudos presentes nas metanálises anteriormente referidas utiliza medidas do Tipo III de habilidades sociais. O que é tipicamente encontrado é que as intervenções de resolução de problemas sociais produzem mudanças significativas em medidas de resolução de problemas sociais, porém quase nenhum efeito em habilidades de interação social ou no *status* sociométrico (veja Ang & Hughes, 2001; Beelmann & cols., 1994; Schneider, 1992).

Selecionando intervenções de acordo com o tipo de déficit

Os estudos contidos nas metanálises descritas anteriormente falham ao deixar de combinar estratégias específicas de intervenção de acordo com os tipos de déficits de habilidades sociais. A maioria dos estudos sobre habilidades sociais realiza intervenção para crianças desconsiderando quase que completamente os tipos de déficits de habilidades sociais das crianças (Gresham, 1998). Na verdade, muitas pesquisas sugerem que há pouco esforço sistemático em avaliar os comportamentos-alvo específicos que deveriam ser ensinados às crianças nos programas de THS.

Conforme descrito antes, uma importante distinção a respeito de déficits de habilidades sociais é a diferença entre déficits de aquisição e de desempenho ("não posso/consigo fazer" *versus* "não vou fazer", respectivamente). Estratégias instrucionais para atenuar os déficits de aquisição são fundamentalmente diferentes daquelas requeridas para os déficits de desempenho. Os procedimentos instrucionais para déficits de aquisição consideram que a criança não tem a habilidade em seu repertório ou desconhece um passo crítico no desempenho da sequência de uma habilidade social. As estratégias específicas de intervenção para reduzir os déficits de aquisição, envolvem tipicamente modelação (real e simbólica), instrução e ensaio comportamental e *feedback* de desempenho (Elksnin & Elksnin, 2006; Elliott & Gresham, 2008; Gresham 2002; Maag, 2006).

Os procedimentos para melhorar o desempenho de habilidades sociais previamente adquiridas são baseados no arranjo de antecedentes e consequentes dos comportamentos sociais desejados. Essas intervenções ocorrem tipicamente em ambientes naturalísticos (salas de aula, pátio), utilizando procedimentos de intervenção baseados em antecedentes (iniciação e monitoria por colegas, ensino incidental etc.) ou baseados em consequentes (reforçamento diferencial, contingências do grupo, *prompting* e modelagem).

Os desenvolvimentos recentes no uso de procedimentos de análise funcional do comportamento e planejamento de apoio comportamental positivo oferecem uma tecnologia para aumentar o "ajuste" entre intervenções para melhorar as habilidades sociais e para reduzir dos problemas de comportamentos concorrentes (Horner, 1994; Horner & Carr, 1997; Lewis & Sugai, 1996). Nessa abordagem, as hipóteses sobre as funções previsíveis de ocorrência e manutenção do comportamento são desenvolvidas e testadas. Com base nessas hipóteses, são identificados os comportamentos substitutos concorrentes (ou seja, habilidades sociais), e planos especificamente delineados de apoio comportamental são desenvolvidos, implementados e monitorados (Gresham, Watson & Skinner, 2001). Esses tipos de intervenções podem ser compreendidos como intervenções de Terceiro Nível, ou seja, intervenções intensivas direcionadas para cada caso específico.

4.2. Questões de integridade do tratamento

Há pouca evidência de que, nas metanálises da literatura sobre THS revistas anteriormente, as intervenções tenham sido implementadas conforme o planejado. Um objetivo fundamental de toda pesquisa-intervenção é a demonstração inequívoca de que mudanças na variável dependente são resultantes das mudanças sistemáticas e manipuladas em uma variável independente (tratamento) e não devido às variáveis intervenientes. A integridade do tratamento (às vezes chamada de fidelidade do tratamento ou confiabilidade de procedimento) refere-se ao grau em que um tratamento é implementado conforme o planejado ou pretendido (Gresham, 1989, 1997, 2005; Gresham & cols., 1993; McIntyre & cols., 2007). A questão da integridade do tratamento focaliza a *precisão* e a *consistência* com que os tratamentos são implementados.

Considerando-se a carência de dados sobre integridade do tratamento na literatura sobre THS, não se sabe se um programa de THS é ineficaz porque há um tratamento insatisfatório ou se ele poderia ser mais efetivo se fosse implementado com alta integridade. O insucesso em garantir a integridade dos programas de THS gera diversas ameaças às tentativas de fazer inferências válidas sobre os resultados. Sem a avaliação da integridade do tratamento não podem ser extraídas conclusões definitivas a respeito dos efeitos dos programas de THS sobre a competência social das crianças. Assim, o monitoramento da integridade de tratamento deve ser prioridade máxima em futuras pesquisas sobre THS.

4.3. Questões de generalização e manutenção

Uma das fraquezas mais persistentes na literatura sobre programas de THS é a incapacidade de demonstrar generalização e manutenção suficientes das habilidades sociais ensinadas. Para essa lacuna de generalização e manutenção foram observadas três razões: (a) falha em programar adequadamente generalização e manutenção, (b) insucesso em combinar procedimentos instrucionais a tipos específicos de déficits (descritos acima), e (c) a incapacidade para identificar e focalizar comportamentos-alvo válidos (Gresham & cols., 2001; Maag, 2006). Horner e Billingsley (1988) sugeriram que é necessária uma *abordagem funcional* para programar generalização e manutenção. Um modo de entender funcionalmente os erros de generalização é no contexto dos problemas de comportamentos concorrentes descritos previamente. Considere o seguinte cenário: Uma criança adquiriu uma habilidade social adaptativa e demonstra excelente generalização para novas situações. Quando encontra uma nova situação com um forte estímulo concorrente (um colega altamente aversivo), é provável que esse estímulo concorrente elicie comportamentos antigos e indesejáveis (agressão verbal e física). O efeito prático é que a habilidade social, nova e adaptativa, não se generaliza para situações que contêm um forte estímulo concorrente.

Os erros de generalização resultam de controle inadequado de estímulos sobre as habilidades sociais relacionadas aos problemas de comportamentos concorrentes. Uma razão, dentre muitas, para a falha de generalização de habilidades sociais ocorre quando a habilidade recentemente ensinada é suplantada pelos comportamentos concorrentes mais fortes e antigos. Esse conceito é importante para compreender por que alguns comportamentos se generalizam para novas situações e outros não e por que um comportamento mantém-se por um longo período e depois começa a se deteriorar.

Os problemas de comportamentos concorrentes são frequentemente desempenhados no lugar das habilidades sociais, já que são mais *eficientes* e *confiáveis* do que os socialmente competentes. Nesse sentido, *eficiente* significa que o comportamento produz reforçamento imediato com menor custo de resposta do que um comportamento ineficiente (o primeiro é mais fácil de emitir). Por exemplo, empurrar as crianças na fila pode ser mais eficiente para algumas crianças do que esperar e pedir educadamente para entrar na fila. Nesse caso, os comportamentos de empurrar e pedir educadamente podem ser considerados como comportamentos *funcionalmente equivalentes*, uma vez que produzem as mesmas consequências, com menor custo de resposta para o primeiro do que para o segundo. *Confiável* significa que um dado comportamento produz reforçamento mais consistentemente do que um comportamento menos confiável. Partindo do exemplo anterior, empurrar pode ser um comportamento mais confiável do que pedir educadamente (ou seja, está de acordo com a Lei da Igualação). Os programas de THS precisam planejar a generalização e a manutenção da efetividade em longo prazo levando em conta essa informação.

5. Conclusão

O THS tem sido tipicamente discutido a partir de quatro amplos modelos teóricos: de aprendizagem social, cognitivo-comportamental, estímulo-resposta e análise comportamental aplicada. Esse capítulo descreveu a conceitualização e a intervenção para déficits de habilidades sociais fundamentadas na visão analítico-comportamental aplicada aos déficits em padrões de comportamento prossociais. Esses procedimentos de intervenção são os mais apropriados na atenuação de déficits de *desempenho* de habilidades sociais do que de déficits de *aquisição*. Uma parte importante dessa compreensão sobre intervenções em habilidades sociais refere-se ao papel que os problemas de comportamentos concorrentes exercem ao interferirem sobre o desempenho de habilidades sociais. Sob essa perspectiva, é essencial conceber as intervenções de habilidades sociais como *Treinamento de Comportamento Substituto* em que o comportamento-problema é substituído pelo comportamento prossocial que serve à mesma função.

Uma fraqueza persistente na literatura sobre THS é a dificuldade de obter a generalização, para outros ambientes, das habilidades sociais treinadas, e a manutenção, ao longo do tempo, dos níveis dessas habilidades. As dificuldades de generalização derivam-se de um inadequado controle de estímulos sobre as habilidades recentemente adquiridas que podem falhar porque são suplantadas pelos comportamentos problemáticos concorrentes, mais fortes e antigos. A solução é programar esquemas de reforçamento "mais fortes" para as habilidades sociais e esquemas "mais fracos" para os comportamentos problemáticos concorrentes. Foi sugerido um melhor aproveitamento da *Lei da Igualação*, em que os esquemas de reforçamento são fortalecidos para o comportamento social e enfraquecidos para o comportamento problemático concorrente, como uma solução para as questões de manutenção e generalização de habilidades sociais.

6. Referências

American Psychiatric Association (2004). *Diagnostic and statistical manual of mental disorders* (4th ed.). Washington, DC: Author.

Ang, R. & Hughes, J. (2001). Differential benefits of skills training with antisocial youth based on group composition: A meta-analytic investigation. *School Psychology Review, 31*, 164-185.

Angold, A. (2000). *Preadolescent screening and data analysis.* Paper presented to the 2nd Annual Expert Panel Meeting on Preadolescent Screening Procedures. Sponsored by the Substance Abuse and Mental Health Services Administration. Washington, DC: National Institutes of Health.

Beelmann, A., Pfingsten, U. & Losel, F. (1994). Effects of training social competence in children: A meta-analysis of recent evaluation studies. *Journal of Clinical Child Psychology, 23*, 260-271.

Caldarella, P. & Merrell, K. (1997). Common dimensions of social skills in children and adolescents: taxonomy of positive social behaviors. *School Psychology Review, 26,* 265-279.

Caprara, G., Barbaranelli, C., Pastorelli, C., Bandura, A. & Zimbardo, P. (2000). Prosocial foundations of children's academic achievement. *Psychological Science, 11*, 302-305.

Chafouleas, S.M., Christ, T., Riley-Tillman, T.C., Briesch, A. & Chanese, J. (2007). Generalizability and dependability of direct behavior ratings to assess social behavior of preschoolers. *School Psychology Review, 36*, 63-79.

Cohen, J. (1977). *Statistical power analysis for the behavioral sciences* (rev. ed.). New York: Academic Press.

Coie, J., Dodge, K. & Coppotelli, H. (1982). Dimensions and types of social status: A cross-age perspective. *Developmental Psychology, 18*, 557-570.

Coie, J. & Jacobs, M. (1993). The role of social context in the prevention of conduct disorder [Special issue]. *Development and Psychopathology, 5*, 263-276.

Coie, J., Watt, N., West, S., Hawkins, J., Asarnow, J., Markman, H. & cols. (1993). The science of prevention: A conceptual framework and some directions for a national research program. *American Psychologist, 48*, 1013-1022.

Conners, K. (1997). *Conners Rating Scales-Revised Technical Manual.* North Tonawanda, NY: Multi-Health Systems.

Cook, C.R., Gresham, F.M., Kern, L., Barreras, R.B., Thornton, S. & Crews, S.D. (2008). Social skills training with secondary EBD students: A review and analysis of the meta-analytic literature. *Journal of Emotional and Behavioral Disorders,* 16, 131-144.

Crews, S.D., Bender, H., Gresham, F.M., Kern, L., Vanderwood, M. & Cook, C.R. (2007). Risk and protective factors of emotional and/or behavioral disorders in children and adolescents: A "mega"-analytic synthesis. *Behavioral Disorders, 32*, 64-77.

DiPerna, J. & Elliott, S.N. (2002). Promoting academic enablers to improve student achievement: An introduction to the mini-series. *School Psychology Review, 31*, 293-297.

DiPerna, J. & Elliott, S.N. (2000). *Academic Competence Evaluation Scales.* San Antonio, TX: The Psychological Corporation.

Dodge, K. (1986). A social information processing model of social competence in children. In M. Perlmutter (Ed.), *Minnesota symposium on child psychology* (Vol. 18, pp. 77-125). Hillsdale, NJ: Lawrence Erlbaum.

Dryfoos, J. (1990). *Adolescents at risk: Prevalence and Prevention.* New York: Oxford University Press.

DuPaul, G., Erwin, R., Hook, C. & McGoey, K. (1998). Peer tutoring for children with attention deficit hyperactivity disorder: Effects on classroom behavior and academic performance. *Journal of Applied Behavior Analysis, 31*, 579-592.

DuPaul, G. & Stoner, G. (2003). *ADHD in Schools: Assessment and Intervention Strategies* (2nd ed.). New York: Guilford.

Elksnin, L. & Elksnin, N. (2006). *Teaching Social-Emotional Skills at School and Home*. Denver: Love Publishing.

Elliott, S.N. (1988). Acceptability of behavioral treatments in educational settings. In J. Witt, S. Elliott & F.M. Gresham (Eds.), *Handbook of Behavior Therapy in Education* (pp. 121-150). New York: Plenum.

Elliott, S.N. & Gresham, F.M. (2007). *Social Skills Improvement System: Classroom Intervention Guide.* Bloomington, MN: Pearson Assessments.

Elliott, S.N. & Gresham, F.M. (2008). *Social Skills Improvement System: Intervention Guide.* Bloomington, MN: Pearson Assessments.

Fabiano, G., Pelham, W., Gnaby, E., Burrows-MacLean, L., Coles, E., Chacko, A., Wymbs, B., Onyango, A., Hoffman, M., Massetti, G. & Robb, J. (2007). The single and combined effects of multiple intensities of behavior modification and methylphenidate for children with attention-deficit hyperactivity disorder in a classroom setting. *School Psychology Review, 36*, 195-216.

Gresham, F.M. (1981). Social skills training with handicapped children: A review. *Review of Educational Research, 51*, 139-176.

Gresham, F.M. (1986). Conceptual issues in the assessment of social competence in children. In P. Strain, M. Guralnick & H. Walker (Eds.), *Children's social behavior: Development, Assessment, and Modification* (pp. 143-180). New York: Academic Press.

Gresham, F.M. (1989). Assessment of treatment integrity in school consultation and prereferral intervention. *School Psychology Review, 18*, 37-50.

Gresham, F.M. (1993). Treatment integrity in single-subject research. In R. Franklin, D. Allison & B. Gorman (Eds.), *Design and Analysis of Single-Case Research* (pp. 93-118). Mahwah, NJ: Lawrence Erlbaum.

Gresham, F.M. (1997). Social competence and students with behavior disorders: Where we've been, where we are, and where should we go. *Education and Treatment of Children, 20*, 233-250.

Gresham, F.M. (1998). Social skills training: Should we raze, remodel, or rebuild? *Behavioral Disorders, 24*, 19-25.

Gresham, F.M. (2002). Teaching social skills to high-risk children and youth: Preventive and remedial strategies. In M. Shinn, H. Walker & G. Stoner (Eds.), *Interventions for Academic and Behavior Problems: Preventive and Remedial Approaches* (2nd ed., pp. 403-432). Bethesda, MD: National Association of School Psychologists.

Gresham, F.M. (2005a). Response to intervention (RTI): An alternative means of identifying students as emotionally disturbed. *Education and Treatment of Children, 28*, 328-344.

Gresham, F.M. (2005b). Treatment integrity and therapeutic change: Commentary on Perepletchikova and Kazdin. *Clinical Psychology: Science and Practice, 12*, 391-394.

Gresham, F.M. & Cook, C.R. (2008). *Development and validation of progress monitoring tools for social behavior.* Research Funding Proposal submitted to the Institute of Educational Sciences.

Gresham, F.M. & Elliott, S.N. (1990). *Social Skills Rating System, SSRS.* Bloomington, MN: Pearson Assessments.

Gresham, F.M. & Elliott, S.N. (2008). *Social skills improvement system: Rating scales.* Bloomington, MN: Pearson Assessments.

Gresham, F.M. & Lopez, M.F. (1996). Social validation: A unifying concept for school-based consultation research and practice. *School Psychology Quarterly, 11*, 204-227.

Gresham, F.M., Cook, C.R., Crews, S.D. & Kern, L. (2004). Social skills training for children and youth with emotional and behavioral disorders: Validity considerations and future directions. *Behavioral Disorders, 30*, 32-46.

Gresham, F.M., Gansle, K. & Noell, G.H. (1993). Treatment integrity in applied behavior analysis with children. *Journal of Applied Behavior Analysis, 26*, 257-263.

Gresham, F.M., Sugai, G. & Horner, R. (2001). Interpreting outcomes of social skills training for students with high-risk disabilities. *Exceptional Children, 67*, 331-344.

Gresham, F.M., Van, M.B. & Cook, C.R. (2006). Social skills training for teaching replacement behaviors: Remediation of acquisition deficits for at-risk children. *Behavioral Disorders, 30,* 32-46.

Gresham, F.M., Watson, T.S. & Skinner, C.H. (2001). Functional behavioral assessment: Principles, procedures, and future directions. *School Psychology Review, 30*, 156-172.

Gresham, F.M., Gansle, K., Noell, G., Cohen, S. & Rosenblum, S. (1993a). Treatment integrity of school-based behavioral intervention studies: 1980-1990. *School Psychology Review, 22,* 254-272.

Hawkins, R. (1991). Is social validity what we are interested in? Argument for a functional approach. *Journal of Applied Behavior Analysis, 24*, 205-213.

Hersh, R. & Walker, H.M. (1983). Great expectations: Making schools effective for all students. *Policy Studies Review, 2*, 147-188.

Herrnstein, R.J. (1970). On the law of effect. *Journal of the Experimental Analysis of Behavior, 13*, 243-266.

Herrnstein, R.J. (1961). Relative and absolute strength of response as a function of frequency of reinforcement. *Journal of the Experimental Analysis of Behavior, 4*, 267-272.

Hinshaw, S. (1992). Externalizing behavior problems and academic underachievement in childhood and adolescence: Causal relationships and underlying mechanisms. *Psychological Bulletin, 111*, 127-155.

Hoagwood, K. & Erwin, H. (1997). Effectiveness of school-based mental health services for children: A 10-year research review. *Journal of Child and Family Studies, 6*, 435-451.

Horner, R. (1994). Functional assessment: Contributions and future directions. *Journal of Applied Behavior Analysis, 27*, 401-404.

Horner, R. & Billingsley, F. (1988). The effects of competing behavior on the generalization and maintenance of adaptive behavior in applied settings. In R. Horner, G. Dunlap & R. Koegel (Eds.), *Generalization and Maintenance: Lifestyle Changes in Applied Settings* (pp. 197-220). Baltimore: Brookes.

Horner, R. & Carr, E. (1997). Behavioral support for students with severe disabilities: Functional assessment and comprehensive intervention. *The Journal of Special Education, 31*, 84-104.

Kazdin, A. (1977). Assessing the clinical or applied significance of behavior change through social validation. *Behavior Modification, 1*, 427-452.

Kazdin, A. (1981). Acceptability of child treatment techniques: The influence of treatment efficacy and adverse side effects. *Behavior Therapy, 12*, 493-506.

Kazdin, A. (2001). Almost clinically significant (p<.10): Current measures may be only one approach to clinical significance. *Clinical Psychology: Science and Practice, 8*, 455-462.

Kupersmidt, J., Coie, J. & Dodge, K. (1990). The role of peer relationships in the development of disorder. In S. Asher & J. Coie (Eds.), *Peer rejection in childhood* (pp. 274-308). New York: Cambridge University Press.

Lewis, T. & Sugai, G. (1996). Functional assessment of problem behavior: A pilot investigation of comparative and interactive effects of teacher and peer social attention on students in general education settings. *School Psychology Quarterly, 11*, 1-19.

Losel, F. & Beelmann, A. (2003). Effects of child skills training in preventing antisocial behavior: A systematic review of randomized evaluations. *Annals AAPSS, 857*, 84-109.

Maag, J.W. (2006). Social skills training for students with emotional and behavioral disorders; A review of reviews. *Behavioral Disorders, 32*, 5-17.

Maag, J.W. (2005). Social skills training for youth with emotional and behavioral disorders and learning disabilities: Problems, conclusions, and suggestions. *Exceptionality, 13*, 155-172.

Malecki, C.M. (1998). *The influence of elementary students' social behaviors on academic achievement.* Unpublished doctoral dissertation, University of Wisconsin-Madison.

Malecki, C.M. & Elliott, S.N. (2002). Children's social behaviors as predictors of academic achievement: A longitudinal analysis. *School Psychology Quarterly, 17*, 1-23.

Martens, B.K. (1992). Contingency and choice: The implications of matching theory for classroom instruction. *Journal of Behavioral Education, 2*, 121-137.

Martens, B.K. & Houk, J.L. (1989). The application of Herrnstein's Law of Effect to disruptive and on-task behavior of a retarded adolescent girl. *Journal of the Experimental Analysis of Behavior, 51*, 17-27.

Martens, B.K., Lochner, D.G. & Kelly, S.Q. (1992). The effects of variable-interval reinforcement on academic engagement: A demonstration of matching theory. *Journal of Applied Behavior Analysis, 25*, 143-151.

Mathur, S., Kavale, K., Quinn, M., Forness, S. & Rutherford, R. (1998). Social skills interventions with students with emotional and behavioral problems: A quantitative synthesis of single-subject research. *Behavioral Disorders, 23*, 193-201.

McFall, R. (1982). A review and reformulation of the concept of social skills. *Behavioral Assessment, 4*, 1-35.

McIntyre, L.L., Gresham, F.M., DiGennaro, F.D. & Reed, D.D. (2007). Treatment integrity of school-based interventions with children in *Journal of Applied Behavior Analysis* from 1991-2005. *Journal of Applied Behavior Analysis, 40*, 659-672.

Merrell, K. & Gimpel, G. (1998). *Social skills of children and adolescents: Conceptualization, assessment, and treatment.* Mahwah, NJ: Lawrence Erlbaum.

Newcomb, A., Bukowski, W. & Pattee, L. (1993). Children's peer relations: A meta-analytic review of popular, rejected, neglected, controversial, and average sociometric status. *Psychological Bulletin, 113*, 306-347.

O'Neill, R., Horner, R., Albin, R., Sprague, J., Storey, K. & Newton, J. (1997). *Functional Assessment and Program Development for Problem Behavior: A Practical Handbook* (2nd ed.). Pacific Grove, CA: Brooks/Cole.

Parker, J. & Asher, S. (1987). Peer relations and later personal adjustment: Are low-accepted children at risk? *Psychological Bulletin, 102*, 357-389.

Patterson, G., DeBaryshe, B. & Ramsay, E. (1989). A developmental perspective on antisocial behavior. *American Psychologist, 44*, 329-335.

Quinn, M., Kavale, K., Mathur, S., Rutherford, R. & Forness, S. (1999). A meta-analysis of social skill interventions for students with emotional and behavioral disorders. *Journal of Emotional and Behavioral Disorders, 7*, 54-64.

Reid, J. (1993). Prevention of conduct disorder before and after school entry: Relating interventions to developmental findings. *Development & Psychopathology, 5*, 311-319.

Rosenthal, R. & Rosnow, R. (1991). *Essentials of Behavioral Research: Methods and Data Analysis* (2nd ed.). New York: McGraw-Hill.

Rutter, M. (1979). Protective factors in children's responses to stress and disadvantage. In J. Rolf (Ed.), *Primary Prevention of Psychopathology: Vol. 3. Social Competence in Children* (pp. 49-74). Hanover, NJ: University Press of New England.

Sameroff, A., Seifer, R., Barocas, R., Zax, M. & Greenspan, S. (1987). Intelligence quotient scores of 4-year-old children: Social-environmental risk factors. *Pediatrics, 79*, 343-350.

Schneider, B. (1992). Didactic methods for enhancing children's peer relationships. *Clinical Psychology Review, 12*, 363-382.

Schneider, B. & Byrne, B. (1985). Children's social skills training: A meta-analysis. In B. Schneider, K. Rubin, Ledingham, J. (Eds.), *Children's peer relations: Issues in assessment and intervention* (pp. 175-190). New York: Springer-Verlag.

Sechrest, L., McKnight, P. & McKnight, K. (1996). Calibration of measures for psychotherapy outcome studies. *American Psychologist, 51*, 1065-1071.

Severson, H. & Walker, H.M. (2002). Proactive approaches for identifying children at risk for sociobehavioral problems. In K. Lane, F.M. Gresham & T. O'Shaughnessy (Eds.), *Interventions for Children with or At-Risk for Emotional and Behavioral Disorders* (pp. 33-54). Boston: Allyn & Bacon.

Snyder, J. & Stoolmiller, M. (2002). Reinforcement and coercion mechanisms in the development of antisocial behavior: The family. In J. Reid, G. Patterson & J. Snyder (Eds.), *Antisocial Behavior in Children and Adolescents: A Developmental Analysis and Model for Intervention* (pp. 65-100). Washington, DC: American Psychological Association.

Ullman, R., Sleator, E. & Sprague, R. (1985). Introduction to the use of the ACTeRS. *Psychopharmacology Bulletin, 21*, 915-920.

Walker H.M. & McConnell, S. (1995). *Walker-McConnell Scale of Social Competence and School Adjustment.* Florence, KY: Thomson Learning.

Walker, H.M. & Severson, H. (2002). Developmental prevention of at-risk outcomes for vulnerable antisocial children and youth. In K. Lane, F.M. Gresham & T. O'Shaughnessy (Eds.), *Interventions for Children with or At-Risk for Emotional and Behavioral Disorders* (pp. 177-194). Boston: Allyn & Bacon.

Walker, H.M., Irvin, L., Noell, J. & Singer, G. (1992). A construct score approach to the assessment of social competence: Rationale, technological considerations, and anticipated outcomes. *Behavior Modification, 16*, 448-474.

Walker, H.M., Ramsay, E. & Gresham, F.M. (2004). *Antisocial behavior at school: Evidence-based practices.* Belmont, CA: Wadsworth/Thomson Learning.

Walker, H.M., Hope-Doolittle, J., Kratochwill, T., Severson, H. & Gresham, F.M. (2007). Proactive early screening to detect behaviorally at-risk students: Issues, approaches, emerging innovations, and professional practice. *Journal of School Psychology, 45*, 193-223.

Walker, H.M., Nishioka, V., Zeller, R., Severson, H. & Feil, E. (2000). Causal factors and potential solutions for the persistent under-identification of students having emotional and behavioral disorders in the context of schooling. *Assessment for Effective Intervention, 26*, 29-40.

Walker, H.M., Forness, S., Kauffman, J., Epstein, M., Gresham, F.M., Nelson, C.M. & Strain, P. (1998). Macro-social validation: Referencing outcomes in behavioral disorders to societal issues and problems. *Behavioral Disorders, 24*, 130-140.

Wentzel, K.R. (1993). Does being good make the grade? Social behavior and academic competence in middle school. *Journal of Educational Psychology, 85*, 357-364.

Wentzel, K.R. & Watkins, D.E. (2002). Peer relationships and collaborative learning as contexts for academic enablers. *School Psychology Review, 31*, 366-377.

Wigfield, A. & Karpathian, M. (1991). Who am I and what can I do? Children's self-concepts and motivation in achievement situations. *Educational Psychologist, 26*, 233-261.

Witt, J.C. & Elliott, S.N. (1985). Acceptability of classroom management strategies. In T.R. Kratochwill (Ed.), *Advances in School Psychology* (Vol. 4, pp. 251-288). Hillsdale, NJ: Lawrence Erlbaum.

Wolf, M.M. (1978). Social validity: The case for subjective measurement or how applied behavior analysis is findings its heart. *Journal of Applied Behavior Analysis, 11*, 211-226.

Capítulo 2

Abordagem cognitiva na avaliação e intervenção sobre habilidades sociais

Vicente E. Caballo
María Jesús Irurtia
Isabel C. Salazar

Os enfoques cognitivos da Terapia Comportamental começaram a ter maior aceitação e a serem aplicados de forma habitual na prática clínica na década de 70 (Beck, Rusch, Shaw & Emery, 1979; Ellis & Harper, 1975; Mahoney, 1974; Meichenbaum, 1977). Porém, não somente foram adotados como formulações globais para abordar diferentes problemas psicológicos, mas também passaram a fazer parte dos componentes constituintes de muitos procedimentos de intervenção. O Treinamento de Habilidades Sociais (ou Treinamento Assertivo, como se conhecia nos anos 70) não esteve alheio a esta corrente, e muitos dos programas que se desenvolveram naquela época incluíram elementos cognitivos entre suas estratégias principais (Galassi & Galassi, 1977; Lange & Jakubowski, 1976). O presente capítulo centra-se nos aspectos cognitivos que caracterizam tanto a avaliação como a intervenção sobre habilidades sociais. Assim, não obstante, temos que assinalar que o Treinamento de Habilidades Sociais (THS) se compõe de diversos procedimentos comportamentais e cognitivos e que nenhum deles, considerados isoladamente, seria efetivo para tal treinamento. Talvez a teoria da aprendizagem social (Bandura, 1977) seja a que melhor contemple os variados procedimentos utilizados no THS, porém nosso objetivo neste trabalho estará centrado nas estratégias cognitivas para a avaliação e o treinamento das habilidades sociais.

1. Um referencial cognitivo para as habilidades sociais

Ainda que nos anos 70 e 80 diversas perspectivas tenham sido utilizadas para construir um modelo de habilidades sociais (HS), dois dos autores mais representativos seriam McFall (1982) e Trower (1982). Ambos estabeleceram um marco fundamentalmente cognitivo para as habilidades sociais. Em um trabalho anterior (Caballo, 2003a) modificamos o modelo proposto por McFall (1982) e o adaptamos às concepções práticas da avaliação e do tratamento (ver Tabela 1).

Tabela 1. Modelo de habilidades sociais de McFall (1982), adaptado às necessidades da avaliação e treinamento (extraído de Caballo, 2003a)

História passada, Motivação, Objetivos, Tarefa		
▼	**Avaliação**	**Treinamento**
Habilidades de decodificação Recepção Percepção Interpretação	Quem está na cena? Onde é a situação? O que disseram os outros na cena? Quem quer o que de quem? Quais emoções expressaram?	Treinamento em percepção social Modificação de atitudes Técnicas de reestruturação cognitiva

Habilidades de decisão Busca de resposta Comprovação da resposta Seleção da resposta Busca no repertório Avaliação de sua utilidade	Definir direitos e responsabilidades Definir objetivos a curto e longo prazos Gerar alternativas de resposta Antecipar e avaliar as consequências a curto e longo prazos Escolher uma resposta	Treinamento de habilidades de solução de problemas Treinamento de autoinstruções
Habilidades de codificação Execução Autoavaliação	Conteúdo verbal Componentes não verbais Contexto e ocasião Reciprocidade	Treinamento de habilidades sociais Práticas ao vivo Técnicas de autocontrole

Do ponto de vista cognitivo, uma resposta socialmente habilidosa é o resultado final de uma cadeia de comportamentos. Essa cadeia começa com a recepção correta dos estímulos interpessoais relevantes, seguida pelo processamento flexível destes estímulos para gerar e avaliar as opções de resposta, das quais se seleciona a melhor, e termina com a emissão apropriada ou expressão manifesta da opção escolhida (Robinson & Calhoun, 1984). Analisando mais detalhadamente esta formulação, Schlundt e McFall (1985) assinalam que a *decodificação* dos estímulos situacionais de entrada (*input*) necessita da recepção da informação pelos órgãos dos sentidos, da identificação perceptiva das características dos estímulos importantes da situação e da interpretação dessas características sob um referencial de conhecimento existente.

O estágio de *tomada de decisões* tem como estímulo de entrada (*input*) uma interpretação situacional e como estímulo de saída (*output*) uma proporção de resposta que o sujeito acredita que será mais eficaz e menos custosa ao tratar com a tarefa-estímulo. Presumivelmente, o processo de tomada de decisões implica transformar a informação e as regras de contingência (que associam ações específicas com circunstâncias) armazenadas na memória de longo prazo.

O estágio da *codificação* da sequência do processamento da informação implica a tradução de um programa de respostas proposicionais em uma sequência coordenada de comportamentos observáveis. A execução ou prática de um programa de resposta requer também um processo de retroalimentação, no qual a forma e o impacto dos comportamentos específicos são comparados com a forma e o impacto esperados, fazendo-se ajustes sutis para maximizar a correspondência. Assim, a execução (geração de sequências de comportamentos) e a auto-observação (ajuste baseado na retroalimentação) são subcomponentes das habilidades de codificação.

Os problemas mais frequentes que podem ser encontrados ao longo das distintas fases do modelo que estamos considerando são resumidos como se segue (Trower, 1984; Trower, Bryant & Argyle, 1978):

1ª Fase. *Motivação, objetivos, plano* – O fracasso nesta etapa poderia ocorrer por várias razões: (a) objetivos contraditórios; (b) objetivos suprimidos ou extintos; (c) objetivos transformados devido a bloqueios; (d) habilidades cognitivas inadequadas para o planejamento requerido.

2ª Fase. *Habilidades de decodificação* – As formas de fracasso desta fase poderiam ser as seguintes: (a) evitação perceptiva devido à ansiedade; (b) baixo nível de discriminação e precisão; (c) erros sistemáticos; (d) estereótipos imprecisos ou uso abusivo deles; (e) erros de atribuição; (f) efeito de halo.

3ª Fase. *Habilidades de decisão* – Aqui poder-se-ia encontrar problemas em: (a) gerar alternativas; (b) discriminar ações eficazes e apropriadas das não apropriadas; (c) tomar decisões muito lentamente ou não tomá-las de nenhum modo; (d) adquirir o conhecimento correto para tomar decisões; (e) tomar decisões negativas.

4ª Fase. *Habilidades de codificação* – As dificuldades nesta etapa, relativas a execução, podem ser devidas a: (a) déficit em habilidades comportamentais do repertório do indivíduo; (b) ansiedade condicionada que bloqueia o desempenho; (c) distorções cognitivas (referentes a uma ou mais das fases anteriores); (d) falta de atrativo físico (especialmente quando estão implicadas habilidades heterossociais).

Quando se considera a etapa de *autoavaliação*, podem ocorrer problemas na retroalimentação por falta de habilidade ou por retroalimentação errônea ou pouco realista. Alguns estudos têm investigado partes do modelo de McFall. Merece especial menção o de Robinson e Calhoun (1984), cujos resultados correlacionais parecem apoiar a explicação de que uma cadeia de sucessos cognitivos precede as respostas que resolvem habilidosamente uma interação e que qualquer erro na cadeia pode aumentar a probabilidade de uma resposta final pouco habilidosa. Por exemplo, os resultados sugerem que aquelas pessoas que são capazes de gerar soluções complexas a problemas interpessoais são mais capazes de predizer a resposta que receberão. Por outro lado, Fingeret e Paxson (1985) encontraram que as medidas de decodificação e julgamento da percepção social eram inferiores em uma amostra de pacientes psiquiátricos do que em outra de não pacientes.

2. Os componentes cognitivos das habilidades sociais

A percepção e a avaliação cognitiva por parte de um indivíduo sobre as situações, estímulos e acontecimentos momentâneos são determinadas por um sistema estável, integrado por abstrações e concepções do mundo, incluindo os conceitos que têm sobre si mesmas. Mischel (1973, 1981) sugeriu que os processos cognitivos, na interação do indivíduo com o ambiente, deveriam ser discutidos em termos de competências cognitivas, estratégias de codificação e construtos pessoais, expectativas, valores subjetivos dos estímulos e sistemas, e planos de autorregulação. Considerando estas "variáveis da pessoa" como base geral, temos tentado agrupar a maioria daqueles elementos cognitivos estudados na literatura sobre as HS. As cinco categorias principais estão inter-relacionadas mutuamente e não há uma linha divisória entre elas. A distribuição de elementos nas diferentes categorias é feita com base nas ideias expostas por Mischel (1973, 1981). Para uma descrição mais detalhada desses componentes cognitivos ver Caballo (2003a).

2.1. Competências cognitivas

Esta variável da pessoa se baseia na capacidade de transformar e utilizar a informação de forma ativa e para criar pensamentos e ações (como na solução de problemas), em vez de referir-se a um armazenamento de cognições e respostas estáticas que se "localizam" em um depósito mecânico. Cada indivíduo adquire a capacidade de construir ativamente uma multiplicidade de comportamentos potenciais, habilidosos, adaptativos, que têm consequências para ele. Existem grandes diferenças entre pessoas na amplitude e na qualidade dos padrões cognitivos que podem gerar. No momento de considerar as competências cognitivas, interessa avaliar a qualidade e características das construções cognitivas e das realizações comportamentais de que o indivíduo é capaz. Os elementos que se incluem nesta seção podem ser:

1. Conhecimento do comportamento habilidoso.
2. Conhecimento dos costumes sociais.
3. Conhecimento dos diferentes sinais de resposta.

Alguns autores (Eisler & Frederiksen, 1980; Del Prette & Del Prette, 1999) assinalam que a falta de habilidade social manifestada por alguns sujeitos pode advir de déficit de conhecimento das respostas apropriadas que poderia utilizar nas várias situações. Indivíduos considerados socialmente habilidosos percebem normalmente maior quantidade de alternativas de resposta que aqueles avaliados como não habilidosos. O indivíduo deve saber quando e onde apresentar diferentes comportamentos e também como desempenhá-los.

4. Saber colocar-se no lugar da outra pessoa.

Argyle (1969) considera que a capacidade de colocar-se no lugar da outra pessoa é uma habilidade cognitiva fundamental na aquisição das habilidades de interação durante a infância. Esta é também uma das habilidades componentes da empatia (Falcone, 1998), porém pode ocorrer que esta capacidade não se desenvolva adequadamente. Trower, Bryant e Argyle (1978) informam que não saber colocar-se no lugar do outro parece ser uma característica comum de pacientes psiquiátricos.

5. Capacidade de solução de problemas.

Neste elemento é importante distinguir entre a capacidade de solução de problemas sociais e a de solução de problemas não sociais ou a deterioração intelectual (Dow & Craighead, 1984).

2.2. Estratégias de codificação e construtos pessoais

As pessoas podem realizar facilmente transformações cognitivas dos estímulos, das situações, do ambiente etc., centrando-se nos aspetos selecionados dos mesmos. Essa atenção, interpretação e categorização seletivas alteram o impacto que o estímulo ou a situação exercem sobre o comportamento. O modo como codificamos e prestamos atenção seletiva a certas sequências comportamentais também influem profundamente no que aprendemos e, posteriormente, como podemos agir. O que está claro é que diferentes pessoas podem agrupar e codificar os mesmos acontecimentos e comportamentos de diversas maneiras e atender seletivamente às diferentes classes de informação. Os elementos que poderiam ser incluídos nesta seção seriam os seguintes:

1. Percepção social/interpessoal adequada.

Para responder eficazmente aos demais, é necessário percebê-los corretamente, incluindo suas emoções e atitudes. Os indivíduos mais habilidosos socialmente são decodificadores mais precisos, enquanto que as pessoas ansiosas superestimam os sinais de rejeição. Os indivíduos menos habilidosos possuem atenção e memória seletivas sobre a informação negativa, ignorando a informação positiva sobre si e sobre sua atuação social (Caballo, 2003a).

2. Habilidades de processamento da informação.
3. Construtos pessoais socialmente adequados.
4. Esquemas adaptativos, baseados na realidade e prossociais.
5. Estereótipos adequados.
6. Crenças racionais.

Walen (1985) assinala que as filosofias cognitivas potencialmente perturbadoras estão incrustadas em canções, relatos e filmes de nossa cultura. Exemplos destes pensamentos pouco racionais seriam os seguintes: *As pessoas que precisam dos demais são as mais afortunadas; Amar significa não ter que pedir perdão; O amor faz com que o mundo funcione; Você percebe quando é de verdade.*

2.3. *Expectativas*

Refere-se às predições do indivíduo sobre as consequências de seu comportamento. As expectativas guiam a seleção (escolha), por parte da pessoa, de alguns comportamentos dentre os muitos que é capaz de emitir dentro de cada situação. A realidade objetiva não é o determinante crítico, mas sim a realidade percebida. Geramos comportamentos à luz de nossas expectativas, inclusive quando não estão de acordo com as condições objetivas da situação. Uma classe de expectativas se refere às relações comportamento-resultado. Em qualquer situação determinada, geramos o padrão de respostas que esperamos que conduza, com maior probabilidade, aos resultados (consequências) subjetivamente mais valiosos nessa situação. Na ausência de nova informação sobre as expectativas comportamento-resultado em uma determinada situação, a atuação de uma pessoa dependerá de suas expectativas comportamentos-resultados anteriores, em situações similares. Não obstante, quando se obtém nova informação sobre os resultados prováveis na situação particular, as expectativas originais podem se alterar rapidamente. O estabelecimento consolidado de expectativas comportamento-resultado pode criar obstáculos à nossa capacidade de adaptação às mudanças das contingências. As "reações defensivas" podem ser vistas, em parte, como um fracasso para se adaptar às novas contingências, já que a pessoa estaria se comportando em resposta a contingências antigas que já não são válidas (Caballo, 2003a).

Outros elementos cognitivos que poderiam ser incluídos nesta seção seriam os seguintes:

1. Expectativas de autoeficácia.

Refere-se a segurança que uma pessoa tem de que pode emitir um comportamento particular. Valerio e Stone (1982) encontraram certo apoio de natureza correlacional no fato de que um aumento na autoeficácia se associa a um comportamento autoinformado socialmente mais habilidoso e a uma maior qualidade de atuação observável. Hammen e colaboradores (1980) operacionalizaram o constructo da autoeficácia de modo que os sujeitos tinham que avaliar a capacidade que percebiam em si próprios para manejar situações específicas. Depois da aplicação do THS, os sujeitos melhoraram a percepção da eficácia de seu comportamento.

2. Expectativas positivas sobre as possíveis consequências do comportamento

Bellack (1979) assinala que provavelmente as respostas habilidosas sejam inibidas (ou nunca aprendidas) se consideradas socialmente inapropriadas ou quando se espera consequências negativas para elas. Uma variável encontrada frequentemente em sujeitos socialmente não habilidosos é o *temor à avaliação negativa* por parte dos demais, com o provável resultado, como sugeriu antes Bellack, da inibição dos comportamentos habilidosos.

2.4. *Valores subjetivos dos estímulos*

Os comportamentos que as pessoas escolhem apresentar dependem, também, dos valores subjetivos dos resultados que esperam. Os indivíduos dão diferentes valores a resultados distintos e também compartilham, em diferentes graus, determinados valores. Uma pessoa pode valorizar positivamente a aprovação que espera dos demais, enquanto outra pode ser indiferente a isso. Nesta seção, temos que considerar as preferências e aversões sobre os estímulos por parte das diferentes pessoas, seus gostos e desagrados, e seus valores positivos e negativos.

2.5. *Planos e sistemas de autorregulação*

Ainda que um comportamento dependa, consideravelmente, das consequências externamente administradas, as pessoas regulam seu próprio comportamento por seus objetivos e padrões de atuação, por autorrecompensa ou autocrítica em atingir ou não os objetivos e padrões autoimpostos. Uma característica dos sistemas de autorregulação é a adoção de planos e regras de contingência que guiam os comportamentos na ausência de (e às vezes apesar de) pressões situacionais externas imediatas. Essas regras especificam as classes apropriadas (esperadas) de comportamento sob condições particulares, os níveis (padrões, objetivos) de atuação que o comportamento deve atingir e as consequências (positivas e negativas) de alcançar ou não esses padrões. Os planos especificam, também, a sequência e a organização dos padrões de comportamento. Os indivíduos se diferenciam com relação a cada um dos componentes da autorregulação dependendo de suas histórias únicas.

A autorregulação estabelece um caminho por meio do qual podemos influir substancialmente em nosso ambiente, vencendo o "controle de estímulo" (o poder da situação). Podemos selecionar ativamente as situações às quais nos exporemos criando, em certo sentido, nosso próprio ambiente, entrando em alguns lugares, porém não em outros, tomando decisões sobre o que fazer e o que não fazer. A escolha ativa, em vez da resposta automática, pode ser facilitada por meio de pensamento na planificação e arranjo do ambiente para torná-lo mais favorável aos próprios objetivos. Mesmo quando o ambiente não pode ser fisicamente modificado ou abandonado, pode-se transformá-lo psicologicamente por meio das autoinstruções e imaginação. Alguns dos elementos considerados nesta seção seriam (Caballo, 2003a):

1. Autoinstruções adequadas.

2. Auto-observação apropriada.

A observação do próprio comportamento é facilitadora em seu papel autorregulador. É possível uma relação curvilínea entre o grau do "dar-se conta de si mesmo" e sua utilidade social. O grau de autoconsciência pode ser benéfico até um ponto em que se torna desadaptativo (Alden & Cappe, 1986; Dow & Craighead, 1984). A atenção dirigida a si mesmo conduz à autoavaliação. Se este processo de avaliação mostra uma discrepância entre o próprio comportamento e os padrões e objetivos próprios, o indivíduo experimenta incômodo e tenta retirar-se da situação ou, não podendo fazê-lo, tenta reduzir a discrepância mudando o comportamento. Tem sido proposto que a excessiva autoconsciência, geradora de ansiedade, poderia ser modificada ensinando-se ao sujeito estratégias sociais para redirecionar sua atenção à(s) pessoa(s) com quem interagem (Walen, 1985; Alden & Cappe, 1986).

3. Autoestima.

A autoestima se refere à avaliação de uma pessoa sobre seu próprio valor, adequação e competência. Alberti e Emmons (1978) argumentam que a habilidade social e a autoestima estão positivamente correlacionadas. Seu raciocínio consiste em que um indivíduo que age habilidosamente deveria ter maior êxito nas relações interpessoais e, como resultado, deveria sentir-se de forma mais positiva consigo mesmo. Lefevre e West (1981) encontraram uma correlação positiva significativa entre habilidade social autoinformada e a autoestima.

4. Autoverbalizações positivas ou neutras.

As autoverbalizações são conhecidas também como fala consigo mesmo, diálogos internos, ou inclusive pensamentos automáticos. As autoverbalizações negativas podem ser criadas pelo próprio sujeito ou aprendidas por meio de modelação, a partir de deduções sobre as interações com os demais ou por meio de conselhos ou mensagens. Tem sido demonstrado, na investigação sobre as HS, que sujeitos pouco habilidosos socialmente têm sistematicamente mais autoverbalizações negativas que sujeitos de alta habilidade (Caballo & Buela, 1989). Alden e Cappe (1981) e Schwartz e Gottman (1976) chegaram à conclusão de que a inadequação social de estudantes universitários está associada a hábitos cognitivos mais do que à capacidade comportamental.

5. Padrões de atuação não excessivamente elevados.

Ludwig e Lazarus (1972) afirmaram, adicionalmente, que há pessoas socialmente não habilidosas que não apenas são altamente críticas e exigentes consigo próprias, mas também exigem perfeição dos demais, culpando-os de defeitos reais ou percebidos.

***

Do exposto anteriormente, parece que o modelo das HS requer habilidades cognitivas componentes. A natureza destas habilidades é algo que necessita maior investigação, porém parece evidenciar-se já um esboço do que poderia ser o quadro dos elementos cognitivos das HS. São necessárias, no entanto, algumas outras considerações.

Em primeiro lugar, os investigadores devem levar em conta que estes fatores cognitivos podem ser situacionais e comportamentalmente específicos. Os déficits perceptivos ou de interpretação que se relacionam, por exemplo, com as interações heterossociais, não serão, necessariamente, aparentes em outras situações. De igual forma, expectativas negativas com respeito, por exemplo, à expressão de sentimentos, não são preditoras de expectativas similares para a iniciação de interações sociais.

Em segundo lugar, a investigação sobre os elementos cognitivos das HS deve ser acompanhada pelo desenvolvimento de procedimentos para avaliar autoverbalizações, expectativas, crenças e conhecimentos das regras sociais. A possibilidade de avaliar estes componentes cognitivos em diferentes classes de respostas permite traçar um mapa dos elementos cognitivos associados a cada habilidade social específica.

Em terceiro e último lugar, temos que considerar a conveniência de modificar os déficits cognitivos diretamente, por meio de técnicas de modificação cognitiva de comportamento, ou indiretamente, por meio do treinamento comportamental das habilidades sociais. Não obstante, a utilização conjunta de ambos os métodos, é a estratégia de intervenção mais utilizada e apropriada atualmente no THS.

3. Avaliação dos aspectos cognitivos das habilidades sociais

A avaliação das habilidades sociais pode ser realizada em seus aspectos comportamentais, cognitivos e emocionais. Dispõe-se de toda uma variedade de procedimentos de avaliação para isso (ver Caballo, 2003a). A próxima seção centra-se nessa avaliação.

3.1. Medidas cognitivas de autorrelato da habilidade social

Mesmo sendo difícil avaliar diretamente a habilidade social cognitiva, no campo das habilidades sociais têm sido utilizados, com certa frequência, instrumentos que avaliam temores, pensamentos negativos e ideias, pouco racionais, sobre o comportamento social próprio ou dos demais. Del Prette, Monjas e Caballo (2006) descrevem alguns instrumentos específicos para a avaliação de habilidades sociais de crianças, incluindo também aqueles voltados para componentes cognitivos.

3.2. Testes cognitivos

A seguir são brevemente descritas algumas das medidas cognitivas de autoinforme utilizadas na área da avaliação das habilidades sociais.

(a) "*Medo de avaliação negativa*" *(Fear of Negative Evaluation, FNE*; Watson & Friend, 1969). Esta escala de 30 itens mede o grau em que a pessoa experimenta medo ante a possibilidade de avaliações negativas por parte dos demais. Uma pontuação alta indica elevado temor de ser avaliado negativamente. A investigação tem mostrado que as pontuações da FNE estão muito relacionadas com a motivação para buscar aprovação e evitar desaprovação dos demais. A confiabilidade teste-reteste encontrada tem sido de 0,78 e a consistência interna de 0,94. Leary (1983) selecionou 12 itens dos 30 que correspondem ao FNE e formou uma escala reduzida. O formato original de "verdadeiro" ou "falso" foi substituído por uma escala de cinco pontos (1= "nada característico de mim" até 5= "muito característico de mim"). Esta FNE breve apresentou correlação de 0,96 com a escala original, confiabilidade teste-reteste de 0,75 e consistência interna de 0,90.

(b) "*Escala Multidimensional de Expressão Social - Parte Cognitiva*" (EMES-C; Caballo, 2003a; Caballo & Ortega, 1989).

Esta escala consta de 44 itens que buscam medir a frequência (de 4= "Sempre ou Muito Frequentemente" até 0= "Nunca ou Muito Raramente") de uma série de pensamentos negativos relativos às diversas dimensões das HS. Em um estudo realizado com situações de interação extensa (ver Caballo, 2003a) não foram encontradas diferenças significativas nas cognições positivas, entre sujeitos de alta e baixa habilidade social, porém em cognições negativas os sujeitos de baixa habilidade social apresentaram maior quantidade de tais pensamentos ($p<0{,}001$). Uma primeira versão da EMES-C incluía pensamentos positivos e negativos, porém, como as diferenças em pensamentos negativos discriminaram mais claramente entre sujeitos de alta e baixa habilidade social, a EMES-C foi reformulada para incluir somente esses pensamentos. Os dados psicométricos da EMES-C apresentam uma média de 102,10 e um desvio padrão de 22,11 (Caballo & Ortega, 1989). O coeficiente de confiabilidade teste-reteste foi de 0,83 e a consistência interna da escala (a de Cronbach) de 0,92. A estrutura analítico-fatorial produziu 12 fatores para a escala (Caballo & Ortega, 1989): (1) Medo de falar em público e enfrentar superiores; (2) Medo da desaprovação dos demais ao expressar sentimentos negativos e ao recusar pedidos; (3) Medo de fazer e receber pedidos; (4) Medo de fazer e receber elogios; (5) Preocupação em expressar sentimentos positivos e iniciar interações com o sexo oposto; (6) Medo da avaliação negativa dos demais ao manifestar comportamentos negativos; (7) Medo da reação negativa dos demais na expressão de comportamentos positivos; (8) Preocupação com a expressão de sentimentos pelos demais; (9) Preocupação com a impressão causada nos demais; (10) Medo de expressar sentimentos positivos; (11) Medo de defender os direitos; (12) Medo de assumir as próprias falhas. A validade concorrente da EMES-C foi feita com o FNE ($r=0{,}58$), a SAD (Escala de evitação e ansiedade social, Watson & Friend, 1969, $r=0{,}57$) e o ATQ (Questionário de pensamentos automáticos, Hollon & Kendall, 1980, $r=0{,}48$).

(c) "*Teste de Autoverbalizações Assertivas*" *(Assertiveness Self-Statement Test, ASST;* Schwartz e Gottman, 1976). O ASST foi planejado para ser administrado imediatamente após breves situações simuladas que requeriam comportamento de recusa. Emprega uma escala de cinco pontos (1= Muito Raramente; 5= Muito Frequentemente) relativa à frequência com que o sujeito experimenta 16 autoverbalizações positivas que facilitariam o comportamento de recusar e 16 autoverbalizações negativas que o inibiriam. Foi obtida uma consistência interna de 0,74 (Bruch, 1981). É uma das medidas de autoinforme cognitivo mais utilizadas na literatura das HS. Como somente avalia autoverbalizações referidas à dimensão específica de recusar pedidos, tem a vantagem de um maior nível de predição dessa classe, mas a desvantagem da falta de generalização para outras classes de respostas.

(d) "*Teste de autoverbalizações na interação social*" (*Social Interation Self-Statement Test, SISST;* Glass, Merluzzi, Biever & Larsen, 1982). Compõe-se de 30 itens (15 verbalizações positivas e 15 negativas) e foi construído para avaliar a frequência de autoverbalizações positivas (facilitadoras) e negativas (inibidoras) em um contexto de interação heterossocial. Os sujeitos podem responder cada item em escala de 1 a 5, segundo a frequência com que tiveram o pensamento antes, durante ou depois de uma interação com pessoa do sexo oposto. A confiabilidade do teste-reteste foi de 0,79 para os itens positivos e de 0,89 para os negativos (Zweig & Brown, 1985). A consistência interna foi de 0,73 e 0,86, respectivamente (Glass & cols., 1982). As duas subescalas apresentaram correlação de -0.48 (Zweig & Brown, 1985). Beidel, Turner e Dancu (1985) encontraram uma pontuação de 34 na subescala negativa como ponto de corte apropriado para designar uma amostra de indivíduos como possuindo uma frequência relativamente alta ou baixa de cognições negativas.

Na Tabela 2 são apresentadas outras medidas cognitivas utilizadas no campo das HS.

Tabela 2. Outros inventários de orientação cognitiva

NOME DO INVENTÁRIO	AUTOR(ES)
Teste de crenças irracionais (*Irrational Beliefs* Test, IBT)	Jones (1969)
Questionário de expectativas generalizadas sobre os demais (*Generalized Expectations of Others Questionnaire*, GEOQ)	Eisler e cols. (1978)
Técnica de avaliação da solução de problemas interpessoais (*Interpessoal Problem-Solving Assessment Technique*, IPSAT)	Getter e Nowinski (1981)
Escala cognitiva de assertividade (*Cognition Scale of Assertiveness*, CSA)	Golden (1981)
Lista de autoverbalizações (*Self-Statement Checklist*, SSC)	Halford e Foddy (1982)
Teste de autoverbalizações assertivas - revisado (*Assertion Self-Statement Test-Revised*)	Heimberg e cols. (1983)
Teste de respostas cognitivas (*Cognitive Response Test*, CRT)	Watkins e Rush (1983)
Questionário pessoal (Pessoal Questionnaire, PQ)	Shepherd (1984)
Inventário de solução de problemas sociais - revisado (*Social Problem Solving Inventory-Revised*, ISPS-R)	D'Zurilla, Nezu e Maydeu-Olivares (2002)
Questionário de funcionamento social (Social Functioning Questionnaire, SFQ)	Tyrer e cols. (2005)

Além dos inventários estruturados e semiestruturados, expostos anteriormente, construídos para medir cognições sociais (grande parte dentro do que Glass & Merluzzi, 1981, denominam de *Métodos de Reconhecimento*), podem ser úteis também os *Métodos de Evocação* (Glass & Merluzzi, 1981), cujo representante mais importante seria a "Anotação de Pensamentos" (*Thought-listing*, Cacioppo & Petty, 1981; Parks & Hollon, 1988). Este procedimento consiste essencialmente de se pedir para o sujeito anotar, após a realização de uma tarefa (social, em nosso caso): (a) os pensamentos que foram provocados pelo estímulo ou situação estimuladora apresentados; (b) os pensamentos gerais sobre o tema da comunicação ou problema interpessoal; (c) os pensamentos que ocorreram enquanto esperava e/ou durante a situação estímulo. Cacioppo e Petty (1981) destacam as duas últimas formas de anotação como menos restritivas que a primeira, pois não se pede aos sujeitos para identificar os efeitos cognitivos do estímulo, ou seja, separar os pensamentos que foram provocados pelo estímulo daqueles que não. O tempo para a anotação das respostas cognitivas tem sido de 45 segundos até 10 minutos ou mais, porém o intervalo mais comumente usado é de dois a três minutos. Como regra, os autores salientam que, quando se deseja avaliar os pensamentos mais intensos, então um intervalo curto será melhor que um longo. Se o intervalo é muito longo, o sujeito tem tempo para adicionar pensamentos, selecionar suas respostas cognitivas e suprimir parte delas.

Para classificar essas respostas cognitivas, primeiro elas devem ser "unificadas" em protocolos de unidades individuais de respostas cognitivas. Há principalmente três métodos de "unificação". No primeiro, os sujeitos são instruídos, antes de anotarem seus pensamentos, para que descrevam cada um em uma casela. O segundo método é parecido, exceto que são os juízes que determinam o que constitui uma ideia ou pensamento. Um critério comum é que uma ideia expressada, seja ou não gramaticalmente correta, constitui uma unidade. Outros critérios poderiam apoiar-se no uso de ponto e vírgula, orações compostas etc. No terceiro método, não se busca uma ideia proeminente, mas um número arbitrário de palavras ou período de tempo como unidade de resposta cognitiva.

Cacioppo e Petty (1981) relatam que este procedimento não parece ser reativo, porque as respostas não afetam a tarefa sob investigação. As "anotações de pensamentos" parecem ser sensíveis às manipulações experimentais e às diferenças individuais. A medida parece cobrir pensamentos que medeiam as respostas afetivas em vez de racionalizações *post hoc* dessas respostas. Um método similar ao de "anotação de pensamentos" poderia ser o de "anotação de imagens" onde, diante do enfrentamento de uma situação social, o sujeito descreve a imagem ou imagens: (a) provocadas pelo estímulo ou situação-estímulo apresentados; b) gerais sobre o tema da comunicação ou problema interpessoal; (c) que ocorreram enquanto esperava e/ou durante a situação-stímulo.

Um terceiro tipo de método, semelhante aos anteriores, são os *Métodos de Evocação com Ajuda de Estímulos* (Glass & Merluzzi, 1981), dos quais o mais utilizado tem sido a "anotação de pensamentos com ajuda do vídeo". Este procedimento implica gravar o comportamento do sujeito em uma situação real ou simulada (geralmente problemática), entregando logo em seguida a gravação ao indivíduo e pedindo-lhe que se lembre dos pensamentos e/ou imagens experimentados enquanto se encontrava na situação original. Este tipo de estratégia é uma tentativa de fazer com que os sujeitos experimentem a mesma sequência de eventos cognitivos e os relatem concomitantemente ao invés de retrospectivamente (Caballo, 2003).

3.3. Entrevista

A entrevista é frequentemente a principal ferramenta de avaliação do paciente. Ela é a melhor, e às vezes a única fonte de informação sobre sua experiência interpessoal e sobre os pensamentos e emoções associados com essa experiência. A entrevista permite conhecer a avaliação subjetiva do paciente sobre sua atuação social, ideias distorcidas sobre o próprio comportamento e o dos demais, autoverbalizações negativas habituais antes, durante e depois de situações sociais problemáticas, conhecimento sobre interações sociais, especialmente aquelas relacionadas às áreas de conflito, sua motivação para mudança etc. Uma forma de avaliação específica é a percepção que o paciente tem sobre sua interação com o terapeuta, os pensamentos que tinha antes de vir à consulta, os que lhe ocorreram durante os primeiros momentos com o terapeuta e quando do término da primeira sessão. Pode-se avaliar, também, as possíveis cognições mediadoras que intervêm na emissão de um comportamento socialmente inadequado. Outras variáveis, como as expectativas do paciente, sua motivação para mudar e as modificações que gostaria de alcançar, deveriam também ser investigadas ao longo da entrevista.

Walen (1985) assinala que o indivíduo com ansiedade social estará nervoso na primeira entrevista com o terapeuta, oferecendo, assim, uma oportunidade "ao vivo" para mostrar o afeto e as cognições relativas ao problema enquanto elas ainda estão recentes, acessíveis. Por exemplo, diz esse autor: "As primeiras perguntas que faço aos novos pacientes é como se sentem quando vêm à sessão ou quando aguardam na sala de espera. Se poderiam identificar algum determinado pensamento que teve ou alguma expectativa. Eu poderia continuar perguntando se a ansiedade que sente é típica dele em situações novas e se as cognições que informa são bons exemplos de como pensa normalmente nessas circunstâncias" (Walen, 1985, p. 111). Como a maioria dos pacientes começa a falar sobre problemas pessoais em termos de ansiedade, depressão, infelicidade conjugal etc., em vez de falar sobre sua pouca habilidade para relações sociais, é importante que o entrevistador direcione a entrevista para as relações interpessoais específicas do paciente, incluindo pensamentos e emoções sobre tais relações.

3.4. *Autorregistro*

O autorregistro é um método para observar e registrar comportamentos tanto manifestos (pública) e encobertos (cognições). Pode-se pedir aos pacientes que registrem os antecedentes e/ou consequentes (manifestos ou encobertos) que acompanham o comportamento de interesse. As percepções e cognições de um indivíduo sobre os acontecimentos socioambientais não estão submetidas a escrutínio público, por isso o autorregistro é um procedimento utilizado frequentemente para avaliar esses aspectos (Caballo, 2003a).

Se, além disso, queremos avaliar com mais precisão os pensamentos e imagens disfuncionais do paciente, podemos empregar o método de amostragem aleatória de pensamentos (Genest & Turk, 1981), fazendo o sujeito levar consigo um gerador eletrônico de intervalos aleatórios, que emite um ruído de vez em quando, sinalizando o momento em que o indivíduo deve fazer um registro das cognições que estão ocorrendo ou que acabaram de ocorrer. Algumas vantagens deste método: (1) a amostragem de pensamentos e/ou imagens é menos invasiva; (2) é flexível e pode ser empregado para coletar dados em lugares naturais e por extensos períodos; (3) os sujeitos podem estar, de certo modo, pouco autoconscientes da tarefa, porque não está limitada ao laboratório ou clínica. Hulburt (1979) destaca as vantagens e desvantagens deste procedimento: produzir amostras de pensamentos e/ou imagens aleatórias, confiáveis, mas, ao mesmo tempo, estas podem ser simples amostras sem interesse. Acontecimentos pouco frequentes podem ser importantes, especialmente para o clínico. Um método pouco diferente é a avaliação cognitiva "ao vivo" (Last, Barlow & O'Brien, 1985), onde o sujeito carrega um pequeno gravador com microfone de lapela e registra os pensamentos e/ou imagens que lhe passam pela cabeça antes, durante (se possível) ou depois de uma interação social. Dryden (1984) descreve um formato de autorregistro para a identificação de ideias pouco racionais, que podem ser interessantes quando se supõe que tenham um papel importante nos problemas interpessoais do paciente.

4. Treinamento de Habilidades Sociais: estratégias cognitivas

O THS pode ser definido como "um enfoque geral de terapia para incrementar a competência para lidar com situações sociais críticas da vida" (Goldsmith e McFall, 1975, p. 51). Tem sido alegada uma série de razões que levariam o indivíduo a não agir de forma socialmente habilidosa. Entre as razões cognitivas, estariam as seguintes (Caballo, 2003a; Del Prette & Del Prette, 1999; Del Prette, Monjas & Caballo, 2007):

1. O indivíduo avalia incorretamente sua atuação social, *negativamente*, com pensamentos "autoderrotistas", ou fica com medo das possíveis consequências do comportamento habilidoso.
2. O indivíduo apresenta *falta de motivação* para atuar apropriadamente em uma situação determinada, podendo ocorrer uma redução no valor reforçador nas interações interpessoais.
3. O indivíduo não consegue *discriminar* adequadamente as situações onde determinada resposta pode ser eficaz.
4. O indivíduo não está seguro de seus *direitos* ou não acredita que tem o direito de responder apropriadamente.

O processo de THS deveria implicar, em seu desenvolvimento completo, quatro elementos de forma estruturada: (a) treinamento de habilidades; (b) redução da ansiedade; (c) reestruturação cognitiva; (d) treinamento de solução de problemas. Portanto, na prática, pode-se considerar que as quatro etapas do THS são as seguintes:

1. Desenvolvimento de um sistema de crenças que sustente um grande respeito pelos próprios direitos pessoais e pelos direitos dos demais.
2. A distinção entre comportamentos assertivos, não assertivos e agressivos.
3. A reestruturação cognitiva da forma de pensar em situações concretas.
4. O ensaio comportamental de respostas assertivas em situações determinadas.

Em resumo, a reestruturação cognitiva deveria ser anterior ao ensaio de comportamento, que constituiria a estratégia final do THS e cuja aplicação na clínica deveria ser seguida pela prática na vida real (tarefas para casa). Na sequência, abordamos as etapas cognitivas do THS.

4.1. Desenvolvimento de um sistema de crenças

A primeira fase do THS consiste na construção de um sistema de crenças que sustente o respeito pelos próprios direitos e dos demais. Bower e Bower (1976) assinalam que nossos direitos humanos vêm da ideia de que somos criados iguais, em um sentido moral, e temos de nos tratarmos como iguais. Um direito humano básico, no contexto das HS, é algo que se considera que todas as pessoas tenham em virtude de sua existência como seres humanos. A premissa subjacente ao THS é humanista: não produzir estresse desnecessário nos demais e apoiar a autorrealização de cada pessoa. A Tabela 3 apresenta alguns dos direitos humanos mais importantes no contexto das HS. Uma versão desses direitos é apresentada por Del Prette e Del Prette (2001), em uma atividade vivencial com objetivo de identificar e alterar o padrão de crenças dos participantes.

Tabela 3. Amostra de alguns direitos humanos básicos (Caballo, 2003a)

O direito de ser tratado com respeito e dignidade.
O direito de recusar pedidos sem se sentir culpado ou egoísta.
O direito de experimentar e expressar seus próprios sentimentos.
O direito de parar e pensar antes de agir.
O direito de mudar de opinião.
O direito de pedir o que quiser (reconhecendo que a outra pessoa tem o direito de dizer não).
O direito de decidir o que fazer com o próprio corpo, tempo e propriedade.
O direito de cometer erros – e ser responsável por eles.
O direito de ter opiniões e expressá-las.
O direito de obter aquilo pelo que pagou.
O direito de escolher não se comportar de maneira assertiva ou socialmente habilidosa.
O direito de ter direitos e de defendê-los.
O direito de ser escutado e levado a sério.
O direito de estar só quando assim escolher.
O direito de fazer qualquer coisa desde que não viole os direitos de alguma outra pessoa.

4.2. Diferenciando estilos de comportamento: assertivo, não assertivo e agressivo

Uma segunda etapa do THS consiste em levar o paciente a entender e diferenciar entre respostas assertivas, não assertivas e agressivas. Em Caballo (2003a) e em Lega, Caballo e Ellis (2002) pode-se encontrar descrições básicas destes três tipos de resposta. Pode-se planejar uma série de exercícios estruturados para que o paciente participe ativamente da aprendizagem das diferenças entre essas formas de comportamento, tal como em Del Prette e Del Prette (2001).

Os participantes de um programa de THS devem ter claro que o comportamento assertivo é, geralmente, mais adequado e reforçador que os outros estilos de comportamentos, ajudando o indivíduo a expressar-se livremente e a alcançar, frequentemente, os objetivos a que se propõe. Ao lado disso, deve-se fomentar a motivação do paciente para continuar no programa de THS.

4.3. Reestruturação cognitiva

Uma terceira etapa aborda a reestruturação cognitiva dos modos de pensar incorretos do sujeito que se relacionam com o comportamento social inadequado. O trabalho de reestruturação é fundamental para que as pessoas diminuam a quantidade de erros cognitivos que atuam como fatores precipitantes e de manutenção dos sentimentos de angústia e dos comportamentos socialmente ineficazes. Portanto, é muito importante que o paciente compreenda o papel das cognições no desconforto emocional e em seu repertório comportamental. Posteriormente, deve aprender a: identificar seus próprios pensamentos automáticos e autoverbalizações distorcidas sobre as situações sociais e seus próprios comportamentos; avaliar como estes o afetam emocional e comportamentalmente, e em seguida proceder à geração de ideias e pensamentos alternativos, mais adaptativos, que lhe permitam desenvolver-se adequadamente nas situações sociais.

A reestruturação cognitiva se inicia reunindo evidências a favor e contra os pensamentos disfuncionais relacionados com situações sociais específicas. Logo, se realiza uma série de discussões utilizando-se técnicas que permitam avaliar a lógica dos processamentos e a validade das conclusões a que se chega. Posteriormente, são desenvolvidos "pequenos experimentos" que podem pôr à prova a validade de tais pensamentos (fazer uma avaliação empírica da crença). Na sequência, propõe-se ao cliente que construa uma série de pensamentos mais adaptativos (flexíveis, preferenciais e realistas – sem excessos de conteúdo positivo) de acordo com a situação, que orientem seu comportamento de enfrentamento. É importante esclarecer o paciente que as provas a favor da nova crença racional ou do pensamento alternativo que ele aprendeu aumentarão na medida em que pratique outras habilidades comportamentais para o controle emocional e o manejo comportamental.

Como o comportamento socialmente habilidoso é situacionalmente específico, os aspectos anteriores devem se referir também a situações-problema específicas para cada paciente. Igualmente, as pautas inadequadas de pensamento são consideradas específicas à situação na qual se encontre o indivíduo. O objetivo das técnicas cognitivas utilizadas consiste em ajudar os pacientes a reconhecerem que o que dizem a si mesmos pode influir em seus sentimentos e em seu comportamento. Podem ser utilizados diversos exercícios para facilitar que eles descubram as relações entre suas cognições, sentimentos e comportamentos. Procedimentos tais como a Terapia Racional Emotivo-Comportamental (TREC), a autoanálise racional, as imagens racional-emotivas (Caballo & Buela, 1991; Maultsby, 1984) e diversas variações do treinamento de autoinstruções (D'Amico, 1977; Meichenbaum, 1977), podem servir a esse propósito. Em Caballo (1996, 2003a, 2003b, 2007) se encontram descritos, em detalhe, muitos desses procedimentos. A seguir nos deteremos em uma técnica cognitiva frequentemente empregada no THS: a Terapia Racional Emotivo-Comportamental.

A Terapia Racional Emotivo-Comportamental

A Terapia Racional Emotivo-Comportamental (TREC) é um procedimento de intervenção cognitiva, desenvolvido por Albert Ellis (1962, 1994), que sustenta que tanto as emoções como os comportamentos são produtos das crenças do indivíduo, de sua interpretação da realidade. Por isso, a meta primordial da TREC é ajudar o paciente a identificar seus pensamentos "irracionais" ou disfuncionais e a substituí-los por outros mais "racionais" ou eficientes para atingir mais eficazmente suas metas pessoais como: ser feliz, estabelecer relações adequadas com outras pessoas etc. A base filosófica geral da TREC é a premissa estoica de que a *perturbação emocional não é criada pelas situações, mas pelas interpretações dessas situações.*

Portanto, o modelo ABC, utilizado pela TREC para explicar problemas emocionais e determinar a intervenção terapêutica, tem como eixo principal a forma de pensar do indivíduo, a maneira como interpreta seu ambiente e circunstâncias e crenças que desenvolveu sobre si mesmo, os demais e o mundo em geral (Ellis, 1994). Se essas interpretações ou crenças são ilógicas, pouco empíricas e dificultam a consecução das metas estabelecidas pelo indivíduo, recebem o nome de "irracionais". Isto não significa que a pessoa não raciocine, mas que raciocina mal, já que chega a conclusões errôneas. Se, pelo contrário, as interpretações ou inferências do indivíduo estão baseadas em dados empíricos e em uma sequência científica e lógica entre premissas e conclusões, suas crenças são racionais, já que o raciocínio é correto e a filosofia básica dessa pessoa é funcional (Lega, Caballo & Ellis, 2002). Este modelo terapêutico faz o paciente colocar-se como responsável pela sua forma de pensar, sentir e se comportar.

O comportamento socialmente inadequado pode provir de um pensamento irracional e incorreto, de reações emocionais excessivas ou deficientes diante de determinados estímulos sociais e de padrões de comportamento disfuncionais. O que identificamos como nossas emoções diante de determinadas situações são causadas principalmente por suposições e avaliações conscientes e/ou automáticas. Assim, sentimos ansiedade não em função da situação objetiva, mas em função da interpretação que fazemos dessa situação. O modelo ABC da Terapia Racional Emotivo-Comportamental funciona da seguinte forma (Lega, Caballo & Ellis, 2002): O ponto "**A**" ou *acontecimento ativador* (atividade ou situação particular) não produz diretamente e de forma automática "**C**" ou *consequências* [que podem ser *emocionais* (**Ce**) e/ou *comportamentais* (**Cc**)], já que, se fosse assim, todas as pessoas reagiriam de forma idêntica diante da mesma situação. A "**C**" é produzida pela interpretação que se dá a "**A**", quer dizer, pelas *crenças* ("Beliefs", **B**) que temos sobre tal situação. Se a "**B**" é funcional, lógica e empírica, é considerada "racional" (**rB**). Se, ao contrário, dificulta o funcionamento eficaz do indivíduo, é "irracional" (**iB**). O método principal para substituir uma crença irracional (**iB**) por uma racional (**rB**) se chama *refutação* ou *debate* (**D**) e é, basicamente, uma adaptação do método científico à vida cotidiana, método no qual se questiona hipóteses e teorias para determinar sua validade.

A aplicação das regras do método científico para a refutação de pensamentos irracionais constitui um dos pontos-chave da Terapia Racional Emotivo-Comportamental. Assim, se tomamos como exemplo um pensamento irracional habitual ("*Tenho que ser amado e aceito por todas as pessoas que são importantes para mim*"), os passos de tal aplicação seriam os seguintes (Ellis & Lega, 1993):

(1) Inferência ("catastrofismo");

(2) Este pensamento realista é verdadeiro? (Não, pois não existe lei que diga que *devo* ser aceito pelas pessoas que me são importantes.);

(3) Este pensamento é lógico? (Não, porque o fato de que eu considere certas pessoas importantes não implica que *devam* aceitar-me.);

(4) Este pensamento é flexível e pouco rígido? (Não, porque sustenta que sob *todas* as circunstâncias e durante *todo* o tempo as pessoas que me são importantes *devem* aceitar-me, o que é bastante inflexível.);

5) Este pensamento prova que "mereço" algo? (Não, não se pode demonstrar que, mesmo atuando de modo muito adequado junto às pessoas importantes para mim, exista uma lei universal que lhes *faça, exija* e *obrigue* a me aceitarem.);

(6) Esta forma de pensar prova que serei feliz, que agirei corretamente e obterei bons resultados? (Não, ao contrário. Não importa quão obstinadamente eu busque conseguir que as pessoas me aceitem, posso falhar facilmente – e se então penso que *tem que* aceitar-me, provavelmente me sentirei deprimido.).

Uma forma de identificar pensamentos irracionais e desenvolver outros alternativos é descrita nos passos a seguir:

(1) Pense em uma situação social que tem sido difícil de lidar de forma assertiva ou na qual tenha sentido raiva ou ansiedade muito alta. Pense no que disse a si mesmo/a que levou a essas emoções e comportamentos. Escreva o que você estava dizendo a si mesmo/a, com particular referência ao que estava pensando sobre si mesmo, os demais e a situação. Siga o esquema A-B-C da TREC, tal como foi exposto anteriormente.

(2) Descreva as ideias irracionais que apoiam esse diálogo interno.

(3) Questione essas ideias irracionais escrevendo as alternativas novas e racionais.

(4) Pratique os pensamentos racionais regularmente. Cada vez que lhe passe pela cabeça uma ideia irracional, apresente uma alternativa racional. Perceba o que sente quando pensa de forma racional e quando pensa de modo pouco racional.

(5) Utilize esses passos em situações que requeiram um comportamento assertivo e nas quais gostaria de melhorar.

Tabela 4. Alguns pensamentos irracionais e suas contrapartidas racionais em relação a algumas dimensões específicas do comportamento assertivo (de Lega, Caballo & Ellis, 2002)

Crenças irracionais	Crenças racionais
Falar em público	***Falar em público***
Seguramente o que eu vou dizer não vai lhes interessar.	É muito provável que o que tenho para dizer seja de interesse pelo menos de algumas pessoas.
Vão me considerar pouco inteligente pelo que vou dizer.	Digo o que penso ou o que preciso perguntar. Não se trata de parecer inteligente.
Vão rir de mim.	As pessoas não costumam rir dos outros que estão falando. Mas se rirem, e daí, o que pode acontecer?
Fazer e aceitar elogios	***Fazer e aceitar elogios***
Se saio por aí fazendo elogios para as pessoas vão pensar que quero alguma coisa delas.	Fazer um elogio a uma pessoa que merece é uma forma de recompensar esse comportamento e manifestar meu agrado.
Por que eu deveria elogiar? Já estou pagando pelo seu trabalho!	As pessoas costumam agradecer a expressão sincera de elogios e, se elas merecem, por que não fazê-lo?
Se alguém me faz elogio e eu aceito, ela vai pensar que sou uma pessoa vaidosa.	Aceitar um elogio é uma forma de reconhecer e agradecer a atenção da outra pessoa por mim.
Fazer e recusar pedidos	***Fazer e recusar pedidos***
Se peço e recebo um favor, fico em obrigação com a outra pessoa.	Um favor é um favor. Qualquer tipo de obrigação é algo que eu estou me impondo.

Se sou um amigo de verdade, deveria atender o seu pedido.	A amizade não significa que eu tenha que atender a cada pedido que me façam.
É mais fácil atender um pedido dessa pessoa que lidar com meus sentimentos por não atendê-la	Tenho o direito de recusar de forma adequada o que não quero fazer. Pode ser que a outra pessoa tente me convencer, mas tenho que fazê-lo de forma assertiva.
Expressar inquietação, desagrado, desgosto	***Expressar inquietação, desagrado, desgosto***
Se expresso meu desagrado, o resultado será um desastre.	Tenho o direito de expressar o que não gosto, mas de uma maneira adequada à situação.
Se realmente sou seu amigo/a, não tenho nenhum direito de me irritar com ele/a.	A amizade significa também sinceridade e, se algo me irrita, por que não dizê-lo de forma adequada?
Se os outros virem que estou irritado, pensarão que sou muito exigente.	Se expresso de forma adequada o que me irrita, estarei expressando o que sinto e os demais saberão algo mais de meu comportamento.

Pode-se utilizar a Tabela 4 como amostra de algumas ideias desadaptativas em situações específicas que requerem assertividade e suas contrapartidas mais racionais. Sem dúvida, há que se considerar que muitos dos pensamentos pouco racionais de uma pessoa em situações sociais podem ser muito específicos a ela e à situação. A utilização do modelo da TREC, exposta anteriormente serve para identificar, questionar e debater os pensamentos que dificultam o comportamento assertivo nas situações sociais que nos encontramos em nossa vida.

4.4. Outros procedimentos cognitivos

Ao identificar as principais crenças irracionais que impedem o comportamento assertivo, como se assinalou anteriormente pode-se buscar também as mensagens de socialização a elas relacionadas. Assim, encontramos outra forma de intervenção cognitiva que implica na identificação de diálogos internos errôneos e no desenvolvimento de habilidades de enfrentamento. *O que uma pessoa diz a si mesm*a (por exemplo, autoverbalizações, imagens, autoavaliações, atribuições) antes, durante e depois de um acontecimento constitui um determinante importante do comportamento que apresentará. Em algumas ocasiões, a pessoa se concentra sobre seu comportamento a tal extremo que perde a percepção do que alguém faz, diz ou, talvez, sente (Caballo, 2003a).

A ansiedade nas situações sociais pode ocorrer devido a autoverbalizações negativas, tais como o medo de parecer ridículo, do que os demais possam pensar, de não agradar, de não saber o que dizer etc. Não é a outra pessoa que faz com que nos sintamos dessa maneira: são nossas próprias autoverbalizações negativas. Não é correto dizer que estão nos deixando nervosos. É mais provável que seja o que nós estamos dizendo a nós mesmos que nos põe nervosos (Caballo, 2003a). Esses diálogos internos podem ser também objetivos do THS. Uma forma de ajudar os pacientes a reconhecerem seus diálogos internos é fazer os participantes do grupo de THS fecharem os olhos, visualizar uma situação da vida real que produziu ansiedade, fixar-se na sequência de pensamentos, sentimentos e imagens que ocorreram antes, durante e após esse acontecimento. É importante que os pacientes expressem estes aspectos e que o terapeuta lhes ajude a reconhecer seus estilos cognitivos incorretos. O paciente precisa saber identificar as autoverbalizações negativas e a reavaliar essas verbalizações mais cuidadosa e racionalmente, evitando que se convertam em pensamentos negativos automáticos.

Beck e colaboradores (1979) mencionam diferentes métodos de coleta das autoverbalizações, tais como: (1) estabelecer meia hora por dia para focalizar esses pensamentos; (2) registrar os pensamentos negativos que acompanham uma emoção negativa importante; (3) listar os pensamentos que se associam com as emoções negativas e os acontecimentos ambientais precipitantes. Algumas palavras-chave que ajudam a identificação de pensamentos desadaptativos são: *não posso suportar isso, não tenho o direito, devo, tenho que, é injusto, terrível, espantoso, catastrófico, sempre, nunca, que ódio, impossível, jamais, é o fim, não tem remédio* etc. Uma vez que o paciente saiba identificar suas autoverbalizações ou imagens negativas, pode-se usar a técnica da coluna dupla ou tripla. Na coluna da esquerda escreve o pensamento negativo automático e na coluna da direita escreve várias respostas positivas alternativas. Pode-se também usar uma terceira coluna onde reinterpreta o acontecimento ambiental. Um exemplo da técnica da coluna dupla e tripla é apresentado na Tabela 5.

Tabela 5. Exemplo da técnica da coluna tripla

Pensamento irracional	Pensamento racional	Reinterpretação
Se estou calado, a pessoa vai me achar estranho, mas se falo pensará que sou bobo, e isso seria terrível.	A pessoa não vai pensar necessariamente que sou estranho se fico calado; também pode ocorrer que nem se dê conta de quanto tempo eu falo.	As pessoas gostam de conversação superficial. Não tem sentido achar que cada fala minha tem que ser inteligente.

Treinamento em solução de problemas

Os pacientes com déficit de habilidades sociais têm deficiências para solucionar problemas. Por isso, é importante que aprendam a detectar quais problemas enfrentam, quais as variáveis estão presentes e como se relacionam. Por meio do treinamento em solução de problemas se ensina o sujeito a: (a) *perceber* corretamente os "valores" de todos os parâmetros situacionais relevantes, (b) a *processar* os "valores" desses parâmetros para gerar respostas potenciais (por exemplo, via "tempestade de ideias"), (c) a *selecionar* uma dessas respostas e a (d) *colocá-la em prática* de maneira a maximizar a probabilidade de atingir seu objetivo interpessoal. Esta estratégia ajudará o paciente a tomar decisões importantes diante de eventos precipitantes e a manter seus comportamentos sociais. O treinamento em solução de problemas não é usado de forma sistemática nos programas de THS, ainda que geralmente se encontre presente neles, de forma implícita.

5. Conclusão

Depois do que vimos neste capítulo, pode-se concluir que grande parte dos comportamentos sociais pouco habilidosos resulta, com frequência: de pensamentos irracionais e incorretos, de autoverbalizações negativas produzidas antes, durante ou depois das situações sociais problemáticas, de estereótipos desadaptativos ou percepções inadequadas, de discriminações inapropriadas, da falta de motivação, de desconhecimento das regras situacionais ou de uma solução incorreta de problemas. Por outro lado, a denominação que damos a nossas reações emocionais diante das situações é um produto de nossas suposições e avaliações, conscientes e inconscientes. Nós nos sentimos ansiosos ou deprimidos porque nos convencemos de que não somente é inoportuno e desagradável, mas porque é terrível e catastrófico fracassar em uma tarefa importante ou sermos rejeitados por uma pessoa importante para nós. Sentimos igualmente hostilidade porque acreditamos que os que se comportam de forma desrespeitosa não deveriam de modo algum agir dessa forma. Uma vez que as avaliações cognitivas podem mediar a atuação de um indivíduo em diferentes situações interpessoais, pode-se utilizar processos de mediação cognitiva, como a reestruturação cognitiva, para promover a mudança nos pacientes.

O THS é uma das técnicas cognitivo-comportamentais mais utilizadas na atuação cotidiana do psicólogo clínico. Sua eficácia é claramente demonstrada e seus benefícios parecem claros em uma sociedade determinada pelas relações interpessoais. Os componentes cognitivos do THS são básicos para modificar os padrões inadequados do comportamento social das pessoas, porém constituem somente uma parte, ainda que muito importante, do treinamento. Não se pode esquecer que a etapa final do THS é basicamente comportamental, com o ensaio de comportamento na clínica e sua generalização para a vida real, ainda que acompanhado sempre de elementos cognitivos (mudança de autoverbalizações, de ideias pouco racionais etc.).

6. Referências

Alden, L. & Cappe, R. (1986). Interpersonal process training for shy clients. In W.H. Jones, J.M. Cheek & S.R. Briggs (Orgs.), *Shyness: Perspectives on research and treatment.* New York: Plenum.

Argyle, M. (1969). *Social interactions.* London: Methuen.

Bandura, A. (1977). *Social learning theory.* Englewood Cliffs, NJ: Prentice Hall.

Beck, A.T., Rusch, A.J., Shaw, B.R. & Emery, G. (1979). *Cognitive therapy of depression.* New York: Guilford.

Beidel, D.C., Turner, S.M. & Dancu, C.V. (1985). Physiological, cognitive and behavioral aspects of social anxiety. *Behaviour Research and Therapy, 23*, 109-117.

Bellack, A.S. (1979). A critical appraisal of strategies for assessing social skill. *Behavioral Assessment, 1*, 157-176.

Bower, S.A. & Bower, G.H. (1976). *Asserting yourself: A practical guide for positive change.* Reading, MA: Addison-Wesley.

Bruch, M.A. (1981). A task analysis of assertive behavior revisited: Replication and extension. *Behavior Therapy, 12*, 217-230.

Caballo, V.E. (2007). *Manual para o tratamento cognitivo-comportamental dos transtornos psicológicos da atualidade.* São Paulo: Santos.

Caballo, V.E. (2003a). *Manual de avaliação e treinamento das habilidades sociais.* São Paulo: Santos.

Caballo, V.E. (2003b). *Manual para o tratamento cognitivo-comportamental dos transtornos psicológicos.* São Paulo: Santos.

Caballo, V.E. (1996). *Manual de técnicas de terapia e modificação do comportamento.* São Paulo: Santos.

Caballo, V.E. & Buela, G. (1989). Diferencias conductuales, cognoscitivas y emocionales entre sujetos de alta y baja habilidad social. *Revista de Análisis del Comportamiento, 4*, 1-19.

Caballo, V.E. & Ortega, A.R. (1989). La Escala Multidimensional de Expresión Social: algunas propiedades psicométricas. *Revista de Psicología General y Aplicada, 42*, 215-221.

Cacioppo, J.T. & Petty, R.E. (1981). Social psychological procedures for cognitive response assessment: The thought-listing technique. In T.V. Merluzzi, C.R. Glass & M. Genest (Orgs.), *Cognitive assessment.* New York: Guilford.

D'Amico, W. (1977). Case studies in assertive training with adolescents. In R.E. Alberti (dir.), *Assertiveness: Innovations, applications, issues.* San Luis Obispo, CA: Impact.

Del Prette, A. & Del Prette, Z.A.P. (2001). *Psicologia das relações interpessoais: Vivências para o trabalho em grupo.* Petrópolis: Vozes.

Del Prette, Z.A.P. & Del Prette, A. (1999). *Psicologia das habilidades sociais: Terapia e educação*. Petrópolis: Vozes.

Del Prette, Z.A.P., Monjas, M.I. & Caballo, V.E. (2006). La evaluación del repertorio de las habilidades sociales en niños. In V.E. Caballo (Org.), *Manual para la evaluación clínica de los trastornos psicológicos: Trastornos de la edad adulta e informes psicológicos.* Madrid: Pirámide.

Dow, M.G. & Craighead, E.C. (1984). Cognition and social inadequacy: Relevance in clinical populations. In P. Trower (Orgs.), *Radical approaches to social skills training.* London: Croom Helm.

D'Zurilla, T.J., Nezu, A.M. & Maydeu-Olivares, A. (2002). *Manual for the social problem-solving inventory revised.* North Tonawanda, NY: Multi-Health Systems.

Eisler, R.M. & Frederiksen, L.W. (1980). *Perfecting social skills: A guide to interpersonal behavior development.* New York: Plenum.

Eisler, R.M., Frederiksen, L.W. & Peterson, G.L. (1978). The relationship of cognitive variables to the expression of assertiveness. *Behavior Therapy, 9*, 419-427.

Ellis, A. (1962). *Reason and emotion in psychotherapy.* New York: Stuart.

Ellis, A. (1994). *Reason and emotion in psychotherapy: Revised and updated.* New York: Birch Lane.

Ellis, A. & Harper, R.A. (1975). *A new guide to rational living.* North Hollywood, CA: Wilshire Books.

Ellis, A. & Lega, L. (1993). Como aplicar algunas reglas básicas del método científico al cambio de ideas irracionales sobre uno mismo, otras personas y la vida en general, *Psicología Conductual, 1*, 101-110.

Falcone, E.M.O. (1998). *A avaliação de um programa de treinamento da empatia com universitários*. Tese de Doutorado. Universidade de São Paulo.

Galassi, M.D. & Galassi, J.P. (1977). *Assert yourself! How to be your own person.* New York: Human Science Press.

Genest, M. & Turk, D.C. (1981). Think-aloud approaches to cognitive assessment. In T.V. Merluzzi, C.R. Glass & M. Genest (Orgs.), *Cognitive assessment*. New York: Guilford.

Getter, H. & Nowinski, J.K. (1981). A free response test of interpersonal effectiveness. *Journal of Personality Assessment, 45*, 301-308.

Glass, C.R. & Merluzzi, T.V. (1981). Cognitive assessment of social-evaluative anxiety. In T.V. Merluzzi, C.R. Glass & M. Genest (Orgs.), *Cognitive assessment.* New York: Guilford.

Glass, C.R., Merluzzi, T.V., Biever, J.L. & Larsen, K.H. (1982). Cognitive assessment of social anxiety: Development and validation of a self-statement questionnaire. *Cognitive Therapy and Research, 6*, 37-55.

Golden, M. (1981). A measure of cognition within the context of assertion. *Journal of Clinical Psychology, 37*, 253-262.

Goldsmith, J.B. & McFall, R.M. (1975). Development and evaluation of an interpersonal skills-training program for psychiatric patients. *Journal of Abnormal Psychology, 84*, 51-58.

Halford, K. & Foddy, M. (1982). Cognitive and social skills correlates of social anxiety. *British Journal of Clinical Psychology, 21*, 17-28.

Hammen, C.L., Jacobs, M., Mayol, A. & Cochran, S.D. (1980). Dysfunctional cognitions and the effectiveness of skills and cognitive-behavioral assertion training. *Journal of Consulting and Clinical Psychology, 48*, 685-695.

Heimberg, R.G., Chiauzzi, E.J., Becker, R.E. & Madrazo-Peterson, R. (1983). Cognitive mediation of assertive behavior: An analysis of the self-statement patterns of college students, psychiatric patients and normal adults. *Cognitive Therapy and Research, 7*, 455-464.

Hollon, S.D. & Kendall, P.C. (1980). Cognitive self-statements in depression: Development of an automatic thoughts questionnaire. *Cognitive Therapy and Research, 4*, 383-395.

Hulburt, R.T. (1979). Random sampling of cognitions and behavior. *Journal of Research in Personality, 13*, 103-111.

Jones, R. (1969). *A factored measure of Ellis' Irrational Belief System.* Tese de Doutoramento não publicada.

Lange, A.J. & Jakubowski, P. (1976). *Responsible assertive behavior*. Champaign, IL: Research Press.

Last, C.G., Barlow, D.H. & O'Brien, G.T. (1985). Assessing cognitive aspects of anxiety: Stability over time and agreement between several methods. *Behavior Modification, 9*, 72-93.

Leary, M.R. (1983). A brief version of the Fear of Negative Evaluation Scale. *Personality and Social Psychology Bulletin, 9*, 371-375.

Lega, L.I., Caballo, V.E. & Ellis, A. (2002). *Teoría y práctica de la terapia racional emotivo-conductual* (2ª edición). Madrid: Siglo XXI.

Ludwig, L.D. & Lazarus, A.A. (1972). A cognitive and behavioral approach to the treatment of social inhibition. *Psychotherapy: Theory, research and practice, 9*, 204-206.

Mahoney, M. (1974). *Cognition and behavior modification.* Cambridge, MA: Ballinger.

Maultsby, M. (1984). *Rational behavior therapy.* Englewood Cliffs, NJ: Prentice-Hall.

McFall, R.M. (1982). A review and reformulation of the concept of social skills. *Behavioral Assessment, 4*, 1-33.

Meichenbaum, D. (1977). *Cognitive-behavior modification: An Integrative Approach.* New York: Plenum Press.

Mischel, W. (1973). Toward a cognitive social learning reconceptualization of personality. *Psychological Review, 80*, 252-283.

Mischel, W. (1981). A cognitive-social learning approach to assessment. In T.V. Merluzzi, C.R. Glass & M. Genest (Orgs.), *Cognitive Assessment.* New York: Guilford.

Parks, C.W. & Hollon, S.D. (1988). Cognitive assessment. In A.S. Bellack & M. Hersen (Orgs.), *Behavioral Assessment: A practical Handbook* (3ª edição). New York: Pergamon.

Robinson, W.L. & Calhoun, K.S. (1984). Assertiveness and cognitive processing in interpersonal situations. *Journal of Behavioral Assessment, 6*, 81-96.

Schlundt, D.G. & McFall, R.M. (1985). New directions in the assessment of social competence and social skills. In L. L'Abate & M.A. Milan (Orgs.), *Handbook of Social Skills Training and Research.* New York: Wiley.

Schwartz, R.M. & Gottman, J.M. (1976). Toward a task analysis of assertive behavior. *Journal of Consulting and Clinical Psychology, 44*, 910-920.

Shepherd, G. (1984). Assessment of cognitions in social skills training. In P. Trower (Org.), *Radical Approaches to Social Skills Training.* London: Croom Helm.

Trower, P. (1984). A radical critique and reformulation: From organism to agent. In P. Trower (Org.), *Radical approaches to social skills training.* London: Croom Helm.

Trower, P. (1982). Towards a generative model of social skills: A critique and synthesis. In J.P. Curran & P.M. Monti (Orgs.), *Social skills training: A practical handbook for assessment and treatment.* New York: Guilford.

Trower, P., Bryant, B. & Argyle, M. (1978). *Social skills and mental health.* London: Methuen.

Tyrer, P., Nur, U., Crawford, M., Karlsen, S., MacLean, C., Rao, B. & Johnson, T. (2005). The Social Functioning Questionnaire: A rapid and robust measure of perceived functioning. *International Journal of Social Psychiatry, 51*, 265-275.

Valerio, H.P. & Stone, G.L. (1982). Effects of behavioral, cognitive, and combined treatments for assertion as a function of differential deficits. *Journal of Counseling Psychology, 29*, 158-168.

Walen, S.R. (1985). Social anxiety. In M. Hersen & A.S. Bellack (Orgs.), *Handbook of Clinical Behavior Therapy with Adults.* New York: Plenum.

Watkins, J.T. & Rush, A.J. (1983). Cognitive Response Test. *Cognitive Therapy and Research, 7*, 425-436.

Watson, D. & Friend, R. (1969). Measurement of social-evaluative anxiety. *Journal of Consulting and Clinical Psychology, 33*, 448-457.

Zweig, D.R. & Brown, S.D. (1985). Psychometric evaluation of a written stimulus presentation format for the Social Interaction Self-Statement Test. *Cognitive Therapy and Research, 9*, 285-295.

CAPÍTULO 3

Contribuições da Teoria Social-Cognitiva de Bandura para o Treinamento de Habilidades Sociais

Fabián O. Olaz

O estudo das variáveis psicológicas vinculadas a uma interação social funcional constitui, na atualidade, campo de especial interesse na Psicologia. Em múltiplas investigações, tem sido demonstrada a importância de um adequado ajuste interpessoal para a prevenção de diferentes transtornos e para um adequado bem-estar psicológico (Bermúdez, Álvarez & Sánchez, 2003, Brackett, Rivers, Shiffman, Lerner & Salovey, 2006). Adicionalmente, a alta prevalência de déficit de funcionamento social em patologias tais como depressão, ansiedade, diferentes tipos de transtornos aditivos, transtornos sexuais, de personalidade, delinquência e agressividade, problemas conjugais e familiares (Argyle, Bryant & Trower, 1974; Caballo, 1993, 2000; Parault, Davis & Pellegrini, 2007; Penn, Kohlmaier & Corrigan, 2000; Segrin, 1990; Segrin & Flora, 1998; Troisi, Spalleta & Pasini, 1998) têm levado a investigação do desempenho social das pessoas a se constituir uma área de grande desenvolvimento em nível internacional. Sem dúvida, os avanços na investigação não foram acompanhados por um desenvolvimento teórico que permita sistematizar estes resultados e, na atualidade, coexistem diferentes abordagens orientadas para a pesquisa e a intervenção sobre o comportamento social que utilizam uma terminologia diversificada para referir-se ao mesmo fenômeno.

Na perspectiva do modelo de atributos (Fernández Ballesteros, 2000), por exemplo, o comportamento das pessoas e, portanto, também as habilidades sociais, podem ser explicadas com base em certos traços fundamentais comuns à maioria das pessoas, além da demanda específica de uma situação. Assim, a partir da tradição psicométrica, vinculada ao estudo da estrutura da personalidade, se faz referência a cinco grandes fatores que seriam comuns a pessoas de diferentes culturas, e constituiriam formas estáveis de comportamento em diferentes situações. Neste modelo teórico (*Big Five Factor Model*, Costa & Mc Crae, 1999) a tendência das pessoas à sociabilidade e a facilidade para desempenhar eficazmente no ambiente social se vincula ao desenvolvimento de traços de personalidade, como a extroversão e a amabilidade.

O funcionamento social eficaz de uma pessoa também é explicado por certas capacidades básicas para perceber, utilizar, compreender e manejar as emoções próprias e dos demais, reunidas no conceito geral de Inteligência Emocional (IE). O estudo da IE tem sido abordado sob dois modelos conceituais, o de habilidade (Mayer, Salovey & Caruso, 2000) e o modelo Misto (Goleman, 1998). Ainda que ambos difiram entre si nos construtos que se incluem no conceito geral de IE, ambos coincidem ao considerarem este conjunto de habilidades como atributos estáveis presentes em todas as pessoas.

Finalmente, sob um modelo cognitivo-comportamental, a explicação do comportamento humano se fundamenta na análise do comportamento, do ambiente em que este ocorre, das variáveis pessoais (cognições, crenças etc.) e de sua interação. Sob este modelo, as capacidades que permitem um desempenho socialmente competente têm sido denominadas Habilidades Sociais (HS). São comportamentos que permitem manifestar atitudes, desejos, opiniões ou direitos de modo adequado à situação, respeitando a expressão desses comportamentos nos demais (Caballo, 2000). Em términos funcionais, as HS são aqueles comportamentos sociais que contribuem para a competência social (Del Prette & Del Prette, 2007, 2008).

Além de algumas diferenças conceituais, atualmente o estudo das HS se realiza sob uma perspectiva compartilhada por diferentes modelos explicativos, no qual se aponta uma explicação de maior amplitude, que considera o ser humano em toda a sua complexidade. Estes modelos têm sido denominados "interativos", já que enfatizam o papel das variáveis ambientais, as características pessoais (entendidas como variáveis dinâmicas e não em termos de traços), o comportamento, e as interações entre esses aspectos (Caballo, 2000). Nestes modelos, considera-se que as respostas são precedidas por uma série de eventos cognitivos e ambientais que interagem entre si e, por sua vez, são afetados pelos comportamentos emitidos. Desse modo, as descrições molares e moleculares (centradas na topografia da resposta) são substituídas por uma visão de comportamento imerso em um contexto social específico e determinado. Desta maneira, a visão "pessoa na situação" substitui a controvérsia "traço-situação" (Caballo, 2000).

Diferentes investigações têm evidenciado a especificidade situacional das HS e do comportamento social em geral (Parault, Davis & Pellegrini, 2007), entendendo-se estas como comportamentos situacionais e culturalmente determinadas. Esta característica situacional-cultural contribui para a diferenciação do conceito HS em relação a outros surgidos sob o modelo de atributo (Inteligência Emocional, por exemplo).

Sob uma perspectiva interacionista, destacam-se as abordagens de Albert Bandura, que estabeleceu as bases para o estudo do comportamento social em contexto. No ano de 1986, com a publicação de *Social Foundations of Thought and Action: A Social Cognitive Theory*, Albert Bandura expôs de forma explícita sua visão da adaptação e mudança humana, onde atribui um papel central aos processos cognitivos, autorreguladores e autorreflexivos. Na teoria de Bandura, a aprendizagem é concebida como a aquisição de conhecimentos através do processamento da informação, destacando-se os processos cognitivos na construção da realidade, assim como a origem social dos pensamentos e ações humanas.

A Teoria Social-Cognitiva (TSC, Bandura, 1987) é um dos sistemas conceituais mais influentes na psicologia contemporânea. As contribuições iniciais de Bandura estavam vinculadas ao estudo da aprendizagem vicária, conceito de grande importância na atualidade nas áreas diversas de aplicação da Psicologia (Ríos Saldaña, Del Prette & Del Prette, 2002). Identificada em um primeiro momento como Teoria da Aprendizagem Social, já em 1985 o autor a redefiniria como Teoria Social-Cognitiva, entendendo que sua teoria permitia uma compreensão de fenômenos psicológicos que iam além da aprendizagem.

Desde as suas origens, a TSC foi um dos sistemas conceituais de maior importância na explicação do comportamento, e seus princípios sustentam em grande medida as estratégias de avaliação e intervenção em HS (Ríos Saldaña, Del Prette & Del Prette, 2002). Neste sentido, a modelação constitui uma estratégia terapêutica fundamental na maioria dos programas de Treinamento de Habilidades Sociais, ou THS (Caballo, 2000, Del Prette & Del Prette, 2002, Cook & cols., 2008) e em diferentes descrições de programas de procedimentos de THS são incluídos procedimentos marcados por uma perspectiva cognitivo-social (entre outros: Cautela, 1976; Del Prette, A., 1985; Del Prette, Z., 1985; Del Prette & Del Prette,

2002; Elliott & Gramling, 1990; Kazdin, 1974; Morgan & Pearson, 1994; Morrison & Bellack, 1981, em Ríos Saldaña, Del Prette & Del Prette, 2002).

Sem dúvida, atualmente continua sendo necessária a elaboração de um modelo explicativo do comportamento social baseado nas contribuições desta abordagem conceitual. Por isso, o objetivo principal deste capítulo é apresentar um modelo que permita sistematizar os resultados obtidos na investigação do HS sob uma perspectiva social-cognitiva.

1. O modelo cognitivo-social de competência social

Caballo (2000) mostra que uma compreensão apropriada de HS deveria levar em consideração três tipos de variáveis: comportamentais (tipo de habilidade), pessoais (variáveis cognitivas e fisiológicas) e situacionais (contexto ambiental). No entanto, talvez por serem mais acessíveis à observação, as variáveis comportamentais e situacionais têm sido tomadas como referência principal nos estudos de HS, relegando-se a um segundo plano as variáveis cognitivas que antecedem e seguem à emissão de um comportamento socialmente competente.

A TSC considera que as respostas comportamentais que atuam competentemente em uma interação são determinadas por uma série de eventos cognitivos e ambientais que interagem reciprocamente. Deste modo, tanto o comportamento manifesto como as crenças a ele relacionadas dão forma e determinam o ambiente social do indivíduo que também determinará tais variáveis. Deste modo, esta teoria propõe um modelo de determinismo recíproco que permite o estudo do ser humano em toda a sua complexidade, levando em conta os múltiplos fatores que operam como determinantes, bem como suas influências interativas. Esta visão é representada a seguir.

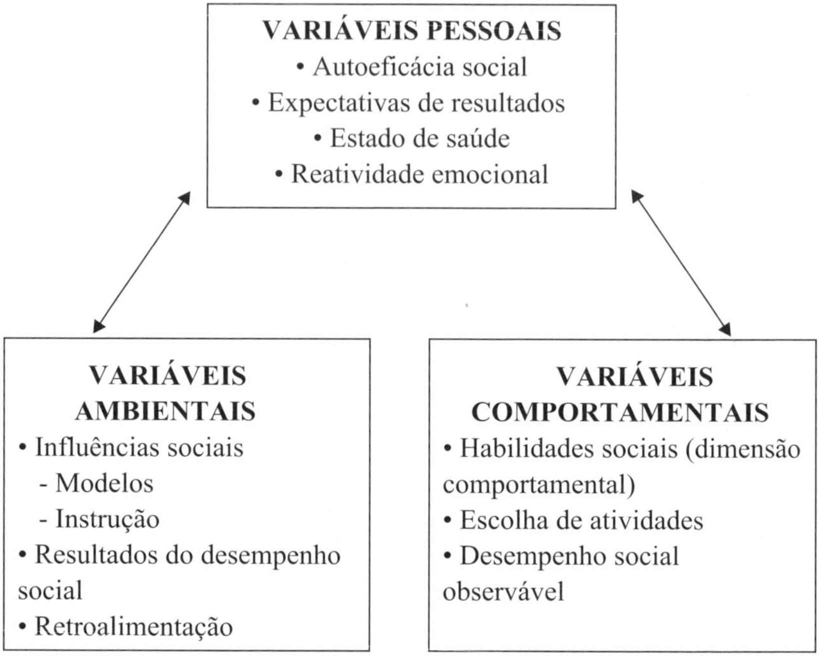

Figura 1. Modelo de Reciprocidade Triádica

Como se pode ver na Figura 1, o comportamento humano pode ser explicado a partir da relação dinâmica entre fatores pessoais (conhecimento, afetos e estados biológicos), comportamentais e ambientais. Deste modo, as crenças da pessoa sobre a própria competência social (autoeficácia social) afetam seus pensamentos, emoções e outros fatores pessoais que influenciarão o seu comportamento subsequente. O comportamento do indivíduo, por sua vez, terá impacto no ambiente social, já que a pessoa seleciona ativamente os ambientes mais apropriados para seu comportamento e, inclusive, tende a criá-los a partir dele. Por exemplo, indivíduos socialmente competentes tendem a selecionar e a criar ambientes funcionais, enquanto pessoas agressivas tendem a criar ambientes socialmente hostis. Somado a isto, o ambiente social também influi sobre o comportamento e sobre os fatores pessoais, já que provê informação sobre a adequação ou não do comportamento emitido (reforçando-o ou punindo-o) oferecendo, assim, oportunidades de aprendizagem de novos comportamentos ou de melhora dos já adquiridos.

As crenças das pessoas ocupam um lugar de grande importância no TSC, já que elas podem operar como uma profecia autorrealizadora, ocasionando um comportamento continuado. Se uma pessoa pensa que não é capaz de iniciar uma conversação com um estranho, e este tipo de atividade social é de interesse para ela, estas crenças afetarão diretamente seu estado afetivo, gerando sentimentos negativos e expectativas de resultado em grande parte negativas. Isto pode levá-la a evitar atividades nas quais esta demanda social está presente (relação comportamento-ambiente), que impedirá que ela aprenda ou aperfeiçoe as habilidades necessárias para uma conversação competente. Tudo isso tornará a pessoa pouco competente e estabelecerá regras disfuncionais de interação com seu ambiente social. O exemplo é representado na Figura 2.

Figura 2. Modelo de Reciprocidade Triádica aplicado ao comportamento social

Ainda que a TSC saliente a importância da aprendizagem e o papel dos fatores ambientais envolvidos no desenvolvimento social, reconhece também a contribuição dos fatores de predisposição genética. Em diversos estudos, salienta a importância da interação entre os fatores inatos e de aprendizagem no desenvolvimento das HS. Em estudos sobre o desenvolvimento da timidez, por exemplo, foi verificada uma tendência temperamental que contribui para o aparecimento de comportamento de inibição social (Kagan, 1998). Neste sentido, foram relatadas pesquisas cujo resultado revela certas bases neuroanatômicas da timidez vinculadas ao córtex frontal e a certas áreas do sistema límbico, também envolvidas na resposta do medo (Schmidt & Fox, 2002).

Por isso, considera-se que a base genética temperamental (fatores pessoais) predispõe formas específicas de interação com o ambiente (fatores comportamentais), mas o desenvolvimento final do repertório de HS de uma pessoa vai depender diretamente do ambiente social (fatores ambientais). As primeiras experiências interagem, desse modo, com predisposições biológicas (ou tendências temperamentais) para determinar certos padrões de funcionamento social nas pessoas, o que levaria a diferenças individuais frente a predisposições temperamentais semelhantes (Kagan, 1998). Em semelhantes condições ambientais, uma pessoa emocionalmente expressiva tenderá a criar um ambiente social e emocional mais rico do que aquelas menos expressivas. Isto facilitaria o processo de aquisição de habilidades sociais que fomenta a competência social.

Desta forma, a TSC defende uma visão do ser humano como um *agente* ativo que pode influir e construir sua realidade, proativamente comprometido com seu desenvolvimento e o das pessoas que constituem seu ambiente social. Tal como assinala Bandura (1987), as crenças, pensamentos e sentimentos de uma pessoa determinam como esta se comporta.

O sistema de crenças ou estrutura de significados de um indivíduo inclui um subsistema de autocrenças que permite exercer controle sobre os pensamentos, sentimentos e ações. Embora o modelo de reciprocidade triádica signifique que situações sociais cotidianas influenciam o comportamento, essa influência não é direta, uma vez que é mediada por um conjunto de mecanismos cognitivos próprios do *autossistema*. Esse *autossistema* é um conjunto de processos por meio dos quais as pessoas regulam seu comportamento, através de normas internas e de reações autoavaliadoras, que permitem o exercício da *agência pessoal*. Desta forma, os indivíduos são produto e produtores do seu ambiente e de seu sistema social (Olaz & Pajares, 2008). A TSC sugere que fatores, como *status* econômico, estrutura familiar, eventos punitivos, disponibilidade de reforçadores sociais e nível de demanda de uma situação social, não afetam o comportamento humano de uma forma direta, mas influenciam as metas, autopercepções, padrões pessoais de execução, estados afetivos, atitudes e outras variáveis autorreguladoras. A TSC considera a competência social de uma pessoa como o resultado da interação entre o autossistema e as influências do meio externo (Pajares, 1996).

2. Capacidades humanas básicas e competência social

Como se observa, o autossistema é constituído por um conjunto de mecanismos de referência e um conjunto de subfunções que permitem perceber, regular e avaliar o comportamento. Estes mecanismos autorreferenciais constituem capacidades básicas e distintivas do ser humano e formam o núcleo da TSC (Pajares & Olaz. 2008). As cinco capacidades humanas básicas são: de simbolização, de aprender com a experiência vicária, de previsão, de autorreflexão e de autorregulação. Dada sua importância, cada uma delas é abordada a seguir.

2.1. Capacidade simbolizadora

A *capacidade simbolizadora* permite aos seres humanos contar com um poderoso meio de mudança e adaptação ao seu ambiente, que confere grande flexibilidade ao comportamento e permite transcender à própria experiência sensorial. Esta capacidade permite representar cognitivamente o ambiente e, desta forma, ensaiar simbolicamente possíveis soluções para situações problemáticas. Por meio da capacidade de simbolização as pessoas podem atribuir significado, forma e continuidade às experiências vividas, gerar cognitivamente novos cursos de ação e antecipar cognitivamente os acontecimentos. Somente a partir desta capacidade o ser humano pode realizar uma adequada leitura do ambiente social, transmitir emoções e pensamentos, utilizar o próprio comportamento para transmitir de forma intencional sinais sociais, representar e codificar execuções anteriores etc. Adicionalmente, as capacidades restantes dependem diretamente da capacidade de simbolização.

2.2. *Capacidade vicária*

Outra capacidade de grande importância para os seres humanos é a capacidade de aprender por meio da observação. A *capacidade vicária* permite uma rápida aquisição de novos padrões de comportamentos e habilidades complexas sem recorrer à tentativa e erro. Ainda que, durante muitos anos, a aprendizagem tenha sido concebida como dependente da emissão do comportamento e experimentação de seus efeitos, se a aprendizagem ocorresse apenas por tentativa e erro, as chances de sobrevivência dos seres humanos seriam consideravelmente reduzidas. Esta capacidade permite um comportamento mais flexível e favorece uma maior capacidade de adaptação ao ambiente.

A capacidade vicária tem lugar especial na aprendizagem por meio de sinais sociais, permitindo adquirir padrões comportamentais complexos observando as demais pessoas. As HS são adquiridas, em grande parte, por meio da aprendizagem vicária. É importante realçar que, entre a capacidade vicária e as capacidades restantes, existe uma influência bidirecional: deficiências nas capacidades restantes (autorregulação, por exemplo) limitam o efeito das influências modeladoras e essas influências podem aumentar as outras capacidades cognitivas. Desta forma, é imprescindível considerar o papel das diferentes variáveis cognitivas desde as primeiras experiências de aprendizagem, condicionando o que se pode aprender e como se aprende.

As crianças observam seus pais e outras pessoas (professor ou outras crianças, por exemplo) e aprendem deste modo, estilos de interação. Não obstante, é importante reconhecer que a modelação não é o único meio de aquisição de comportamentos, mas que existem outros como o ensino direto, por meio de instruções verbais ou, mesmo, a aprendizagem por ensaio e erro (aprendizagem instrumental).

Os pais são modelos importantes para muitos comportamentos sociais e se tornam os organizadores de todo um sistema de regras, castigando e recompensando os desvios ou os comportamentos esperados das crianças de acordo com certos critérios previamente estabelecidos. Desde o nascimento, a criança aprende vicariamente comportamentos sociais e não sociais à medida que os pais fornecem incentivos e modelo (Ríos Saldaña, Del Prette & Del Prette, 2002). A imitação de comportamentos apropriados é recompensada enquanto a imitação de comportamentos proibidos é castigada.

A criança não apenas aprende comportamentos por imitação, aprende também as contingências entre comportamentos e resultados por meio da observação dos pais, e assim aperfeiçoa habilidades cognitivas, extraindo mais informação dos modelos. O reforço vicário incide de modo direto sobre a motivação da criança em emitir um comportamento e adquire importância maior na medida em que a criança cresce, aumenta sua capacidade de julgar possíveis resultados positivos e negativos de cada comportamento e mudam também seus reforçadores. Deste modo, embora Bandura entenda que a consequência não estabelece automaticamente o comportamento, concede a esta um lugar de importância como fator motivacional na previsão de reforçadores.

Finalmente, a prática é um dos meios fundamentais de aquisição, já que nem sempre aprender as características de um comportamento leva a uma execução correta do mesmo. A TSC diferencia entre a aquisição de conhecimento (aprendendo) e o desempenho observável baseado em tal conhecimento (comportamento) porque, mesmo quando um conhecimento foi adquirido, é provável que não sejam manifestados até que a situação garanta os incentivos necessários para colocá-los em prática. Adicionalmente, a execução comportamental permite o aperfeiçoamento das habilidades recentemente adquiridas (Bandura, 1987).

O sucesso alcançado na execução de determinados comportamentos reforça e aumenta sua probabilidade de ocorrência, enquanto que fracassos repetidos a diminuem. A família constitui o contexto social nuclear para a aprendizagem das HS, garantindo à criança possibilidades de prática e oferecendo-lhe a oportunidade de experimentar relações interpessoais estáveis e significativas dentro de um microssistema caracterizado pela afetividade e a alteração gradual das relações de poder (Del Prette & Del Prette, 2002). No entanto, com o desenvolvimento e a gradual inserção em sistemas sociais mais amplos, a disponibilidade de modelos se faz cada vez maior e a capacidade vicária continua sendo fundamental ao longo da vida do indivíduo.

2.3. *Capacidade de previsão*

A *capacidade de previsão* permite às pessoas motivarem-se e regularem seus atos, transformando as consequências prováveis em motivatidores cognitivos eficazes. Por meio dessa capacidade, as pessoas predizem consequências mais prováveis para suas ações, estabelecem metas para si mesmas e planejam cursos de ação. Essa capacidade pode dar lugar a um comportamento inclusive quando as condições presentes não são favoráveis, garantindo à pessoa uma maior flexibilidade e autonomia em relação aos determinantes presentes no ambiente. A representação dos acontecimentos futuros tem um importante papel causal no comportamento presente do indivíduo.

Em relação a esta capacidade, Bandura enfatiza o papel das expectativas, ou seja, as consequências previstas a partir de um determinado acontecimento (expectativas estímulo-resultado) ou de um determinado comportamento (expectativas de resultados). Os resultados esperados de um comportamento dependem das associações aprendidas entre as condições estimuladoras e os resultados observados. Assim, uma pessoa aprende que certos elementos não verbais que outra pessoa emite, tais como um cenho franzido, postura rígida, mãos e braços tensos, indicam uma emoção negativa como aborrecimento, por exemplo (expectativas estímulo-resultado), inferindo resultados negativos para qualquer tentativa de iniciar uma interação com ela (expectativas de resultados).

Sob esse enfoque, o conceito de valores é incorporado ao constructo de expectativas de resultados, já que se considera que o interesse da pessoa por uma atividade depende, em parte, dos resultados previstos para a participação na atividade, juntamente com o valor relativo ou a importância atribuída pelo indivíduo a estes resultados. Em uma situação social determinada, a pessoa tende a gerar um padrão de respostas que considera com maior probabilidade de produzir resultados mais valiosos (Caballo, 2000). Bandura (1987) distingue diferentes classes de expectativas de resultados: físicos (dinheiro), sociais (aprovação) e autoavaliativos (satisfação), que afetam de modo importante o comportamento.

A previsão influencia o comportamento a partir de mecanismos de *autorregulação*, que são cada vez mais necessários à medida que a criança cresce. Com o desenvolvimento, ela começa a frequentar outros microssistemas fora da família e a quantidade e a diversidade de interlocutores aumenta, requerendo habilidades novas para o exercício de novos papéis e o enfrentamento de novos desafios interpessoais (Del Prette e Del Prette, 2008).

2.4. Capacidade de autorreflexão

O exercício da autorregulação depende diretamente da capacidade de a pessoa analisar suas experiências e refletir sobre seus processos mentais. Esta capacidade de autorreflexão permite ao indivíduo ter um conhecimento genérico de si mesmo e do mundo que o cerca. A autorreflexão é uma das capacidades distintivas do ser humano e inclui a avaliação das próprias capacidades, das metas pessoais, dos valores e da autoimagem.

A avaliação das próprias capacidades para alcançar certo nível de execução foi denominada por Bandura (1987) como *Autoeficácia.* As convicções de autoeficácia são a base da motivação, do bem-estar e da realização pessoal. Essas convicções determinarão a persistência em uma tarefa diante de obstáculos, o interesse, o compromisso e o rendimento.

2.5. Capacidade autorreguladora

A TSC analisa o desenvolvimento e a adaptação humana sob uma perspectiva centrada na agência pessoal (Bandura, 1999), quer dizer, a capacidade que os indivíduos têm de regular as próprias ações e seu funcionamento psicossocial. Desse modo, o exercício de controle sobre o próprio comportamento é obtido por meio de certas capacidades cognitivas que fazem parte dos mecanismos dessa agência pessoal. Diferentes linhas de investigação mostraram a importância dos mecanismos autorreguladores no desenvolvimento e na busca de cursos de ação socialmente valorizados (Bandura, 1997; Bandura, Caprara, Barbaranelli, Pastorelli & Bonus, 2001; Zimmerman, Bonner & Kovach, 1996). Nesse sentido, e em relação ao domínio das relações interpessoais, Del Prette e Del Prette (2008) realçam que a capacidade de *Automonitoria* constitui uma habilidade metacognitiva fundamental para a competência social.

Grande parte do comportamento do ser humano é motivada e regulada por critérios internos e reações autoavaliadoras e, por meio desta capacidade, as pessoas determinam os seus cursos de ação. Uma vez que os critérios internos de avaliação do comportamento são estabelecidos, eles podem ser usados na avaliação dos desempenhos, determinando a percepção de eficácia do desempenho. As discrepâncias entre o desempenho e os critérios internos (*metas de rendimento*) ativam reações que influenciam o comportamento posterior. Deste modo, criando condições ambientais facilitadoras (tais como inserção em ambientes sociais reforçadores, estratégias cognitivas e autorreforçamento), o indivíduo exerce uma função reguladora sobre seus próprios atos e sobre sua motivação.

Desde que a criança entra na escola, deve aprender novas HS (tais como pedir permissão para falar, para ir ao banheiro, para lidar com chacotas dos colegas) nas quais a capacidade de automonitoria, de autoavaliação do próprio comportamento e as reações ao próprio comportamento (o *autorreforçamento*, por exemplo) se tornam necessárias. Esse processo de aprendizagem de capacidades autorreguladoras continua até a vida adulta e, inclusive, até idades mais avançadas quando as habilidades sociais requeridas aumentam em quantidade e complexidade (Del Prette & Del Prette, 2008).

Sob essa perspectiva, sublinhar a importância desta capacidade não significa ignorar a importância das influências ambientais, uma vez que afetam os componentes do autossistema onde as funções autorreguladoras têm origem. Adicionalmente, as consequências que o ambiente social apresenta para um comportamento social competente se tornam motivadores poderosos para a aquisição de novos comportamentos e reforçam os critérios utilizados pela pessoa avaliar seu próprio comportamento.

3. O papel da autoeficácia social no desempenho interpessoal

As primeiras investigações no campo da autoeficacia foram conduzidas por Bandura e seus colaboradores em contextos terapêuticos, treinando indivíduos para enfrentar situações temidas. Nessas investigações, foi demonstrado que certos tratamentos experimentais afetam a autoeficácia dos indivíduos para apresentar diferentes comportamentos e foi examinada a utilidade preditiva da autoeficácia para comportamentos de enfrentamento futuros. Nessas investigações, ficou evidente o importante papel da autoeficácia como efeito de intervenções particulares e como um antecedente de mudança de comportamento.

Investigações realizadas posteriormente permitiram generalizar estes resultados para ambientes clínicos, destacando a importância da autoeficácia como construto explicativo e preditivo do comportamento humano (Schunk, 1989). Os resultados desses estudos têm demonstrado a generalidade explicativa do construto, e, por isso, a autoeficácia é considerada, atualmente, como um dos fatores mais influentes no funcionamento humano (Bandura, 1987, 1997; Moe & Zeiss, 1982; Pajares, 1997; Schunk, 1989; Valiante, 2000; Zeldin, 2000).

Para Bandura (1987), a autoeficácia é melhor preditor do comportamento futuro do que as capacidades, realizações prévias ou o conhecimento da pessoa sobre a atividade a ser realizada (Valiante, 2000). No entanto, um funcionamento competente requer precisão nas autopercepções de efetividade, disponibilidade de capacidades reais, conhecimento da atividade a ser realizada, bem como a avaliação dos resultados prováveis para o comportamento (expectativas de resultados). Todos estes componentes mantêm relações complexas que deveriam ser consideradas quando se estuda a utilidade preditiva das convicções de autoeficácia.

Na perspectiva da TSC, a confiança para resolver problemas interpessoais ou agir de forma socialmente competente poderia ser um preditor importante de desempenho. Considera-se que as convicções de autoeficácia exercem um papel decisivo nas interações sociais (Gresham, 1984, em Bilgin & Akkapulu, 2007; Moe & Zeiss, 1982), porque podem ajudar a organizar o conhecimento (sobre os comportamentos sociais apropriados, os costumes sociais e os diferentes sinais de resposta) e as capacidades de realização de uma ação social competente.

Diferentes investigações demonstraram a capacidade preditiva da autoeficácia social em relação a outros construtos. Em estudo conduzido por Matsushima e Kunio (2003) foi possível determinar um papel protetor da autoeficácia social diante do estresse de adolescentes sendo, portanto, um fator na prevenção de diferentes transtornos. Neste sentido, outras investigações apoiam o papel explicativo e preditivo da autoeficácia social em relação a construtos como depressão (Fiori, Mcilvane, Marrom & Antonucci, 2006; Hermann & Betz, 2006) e satisfação com a vida (Vecchio, Gerbino, Pastorelli, Del Bove & Caprara, 2007).

Nos últimos anos, também têm sido desenvolvidos modelos preditivos utilizando-se o Modelo de Equações Estruturais (SEM) que evidenciaram o papel causal da autoeficácia social em relação a diferentes comportamentos. Caprara, Steca, Cervone, e Artístico (2003) avaliaram um modelo explicativo da timidez que inclui, como variáveis preditoras, a autoeficácia social para manejo de emoções negativas, expressão de afeto positivo, relações filiais e, ainda, estabilidade emocional. Embora algumas inconsistências teóricas possam ser observadas nesta investigação, relacionadas à sobreposição conceitual de algum construto, os resultados mostram maior capacidade preditiva da autoeficácia social para a timidez em relação a certas características de personalidade, como a estabilidade emocional, por exemplo.

Em outra investigação, Bandura, Caprara, Barbaranelli, Pastorelli e Regalia (2001) observaram que a autoeficácia social influi sobre certos padrões cognitivos disfuncionais (como pensamentos hostis e retaliativos) que, por sua vez, influem em comportamentos de transgressão social manifestados por adolescentes, como roubo, agressão e vandalismo. Também puderam comprovar que a autoeficácia favorece a emissão de comportamentos prossociais (comportamentos empáticos e cooperativos) e o compromisso com critérios morais (*engajamento moral*), funcionando como fator protetor e preventivo de comportamentos de transgressão.

3.1. Fontes de autoeficácia social

O mecanismo por meio do qual a autoeficácia interage com os comportamentos sociais seria muito similar ao processo que ocorre com outros tipos de comportamento. Em uma situação social, ou em alguma situação de aprendizagem de HS, o sujeito já possui um nível inicial de autoeficácia que depende de suas características pessoais e experiências prévias. Diferentes variáveis contextuais e pessoais sinalizam aos indivíduos como estão aprendendo determinado comportamento ou como estão agindo diante de uma demanda social. Esses sinais incluem: êxitos em desempenho prévio, padrões de sucesso e fracasso, contingências de reforço, atribuições, comparações sociais, consecução de metas e sinais fisiológicos. Por seu turno, essas variáveis vão funcionar como sinais que serão usados pelos indivíduos para avaliar sua eficácia em aprendizagens futuras ou em situações de ação social (Schunk, 1989).

Êxito em desempenho anterior

Êxitos em desempenho anterior constituem a mais importante fonte de informação sobre autoeficácia, já que se baseiam em experiências de domínio real (Bandura, 1987). As experiências prévias repercutem na avaliação de autoeficácia de uma pessoa, dependendo de se teve êxito ou não. Assim, se um jovem teve muitas experiências bem-sucedidas de iniciar conversação com pessoas pelas quais sente-se atraído sexualmente, tenderá a avaliar suas capacidades de forma positiva, enquanto que fracassos repetidos debilitarão suas crenças de efetividade.

É importante assinalar que, como as pessoas tendem a escolher e a comprometer-se com atividades nas quais se consideram efetivas e a evitar aquelas nas quais se consideram ineficazes, fracassos repetidos em determinadas tarefas podem levá-las a rejeitar ativamente tais tarefas, criando dificuldade para aperfeiçoar essas habilidades. Além disso, uma execução inadequada debilitaria as crenças de autoeficácia para este tipo de atividades, o que facilitaria pensamentos negativos sobre seu desempenho social. Não obstante, a avaliação de uma experiência como sucesso ou fracasso dependerá, em todos os casos, das metas de rendimento e de execução que a pessoa possui, e do modo como a pessoa interpreta a informação proporcionada pelas fontes de autoeficácia.

As autopercepções de eficácia são sensíveis à informação que o indivíduo vai adquirindo e inclusive as percepções firmemente estabelecidas são suscetíveis de mudança diante de experiências negativas importantes. É necessário esclarecer, contudo, que as percepções sólidas de autoeficácia são resistentes e somente modificadas por experiências negativas muito convincentes, porque estão baseadas no resultado de múltiplas experiências. Por outro lado, as crenças fracas de eficácia requerem uma reavaliação constante quando utilizadas para predizer o comportamento.

Experiência vicária

A segunda fonte de autoeficácia é a experiência vicária. Vendo alguém executar com sucesso certas atividades, ou imaginando isto, uma pessoa pode acreditar que ela também possui capacidades suficientes para alcançar com o mesmo sucesso em seu desempenho. A experiência vicária também envolve as comparações sociais que o indivíduo faz entre as próprias capacidades e as de outros, embora a influência destas comparações seja determinada pela semelhança percebida entre suas próprias capacidades e as do modelo (Pajares, 1997).

Essa fonte adquire particular relevância quando os indivíduos não têm um grande conhecimento de suas capacidades ou têm pouca experiência na tarefa a ser realizada, algo frequente diante de demandas de interação social. Como as tarefas podem variar amplamente quanto à dificuldade e ao tipo de habilidade exigida, é fundamental saber a natureza precisa dos comportamentos necessários para o desempenho adequado de cada tarefa. Quando existe ambiguidade com relação ao tipo de comportamento esperado, é muito provável que apareçam discordâncias entre os julgamentos de autoeficácia e a execução realizada (Rodebaugh, 2006).

Esse tipo de situação se apresenta claramente nas atividades que requerem determinadas operações cognitivas, nem sempre observáveis, para uma ação apropriada (como as estratégias metacognitivas de resolução de problemas interpessoais, por exemplo). De modo semelhante, quando as pessoas não estão seguras sobre a natureza específica da tarefa, o julgamento de autoeficácia pode ser afetado: a subestimação das demandas da tarefa pode levar a uma autossegurança excessiva, enquanto a superestimação pode levar o indivíduo a perceber-se menos competente do que realmente é.

Quando o nível de rendimento desejável é claro, a autoeficácia funciona como um regulador de importância e como um determinante do desempenho. Se existe alguma ambiguidade no resultado esperado, a pessoa necessita de bases adequadas para saber quanto esforço investir, durante quanto tempo e quando modificar as estratégias em vigor: nesse contexto, a autoeficácia não será um bom preditor do resultado (Pajares & Olaz, 2008). Isto é especialmente importante no caso de comportamentos sociais quando, muitas vezes, é difícil avaliar o próprio resultado devido à ambiguidade dos critérios de competência social, como ocorre em situações novas, nas quais não se pode observar adequadamente o próprio resultado ou não se recebe *feedback* sobre ele.

Em tais situações, pessoas carecem de experiência para avaliar adequadamente a autoeficácia e não têm outra opção senão a de estimar sua capacidade para uma tarefa a partir do conhecimento obtido de outras experiências, o que constitui um pobre indicador ou preditor do resultado exigido. Este autoconhecimento errôneo pode ter resultados imprevisíveis, razão pela qual, frente a demandas interpessoais novas desse tipo, a informação vicária será fundamental, provendo cursos de ação alternativos frente a estas demandas.

Persuasão social

O conhecimento do indivíduo sobre o ambiente no qual tem que agir e sobre o comportamento esperado das pessoas que fazem parte desse ambiente, de acordo com a posição que ocupam no grupo (*status* social), tem um papel de importância sobre as crenças de eficácia. Ainda que existam regras mais ou menos gerais para o comportamento social, existem normas particulares típicas de cada grupo que assinalam, explícita e implicitamente, os comportamentos esperados, os proibidos e as formas de comunicação apropriadas com os membros de outros grupos. Deste modo, cada grupo desenvolve normas particulares e expectativas relativas ao comportamento esperado de cada membro. Essas normas e expectativas de papel podem manifestar-se por meio de códigos explícitos e ser transmitidas entre os membros do grupo, mas também podem ser inferidas dos comportamentos dos demais (Del Prette & Del Prette, 2002). O conhecimento dessas normas está relacionado com um desempenho socialmente competente, já que permite adaptar o próprio comportamento às normas e expectativas do grupo. Desse modo, ao desempenhar de acordo com as normas do grupo social, a pessoa receberá *feedback* sobre a adequação de seu desempenho, o que fortalecerá suas crenças de autoeficácia social, determinando suas expectativas de resultado.

Na perspectiva da TSC, o *feedback* verbal ou não verbal provido por outras pessoas sobre o próprio desempenho é denominado *persuasão social*, e constitui outra fonte importante de autoeficácia. A persuasão não deve ser confundida com o simples elogio, se os agentes persuasores querem cultivar as crenças de autoeficácia do indivíduo para o qual estão dando *feedback*, mas basear-se em experiências de real domínio, através das quais este possa estimar o nível de capacidade real para o sucesso na tarefa (Celeiros, 1997).

Por meio da informação, a pessoa pode autoavaliar seu comportamento com base nas metas de rendimento que fixou, e a partir dessas metas estimar a adequação de seu desempenho. Se ela estimou como apropriado, ela aciona uma série de autorreações positivas (autorreforço, por exemplo) que fortalecerá o comportamento em curso e as crenças de autoeficácia a ele associados. Porém, se o desempenho não for o esperado, desencadeará um processo autorregulador que tende a eliminar ou corrigir o comportamento disfuncional, bem como reduzir as crenças mantidas até o momento. O êxito deste processo autorregulador será determinante para a pessoa colocar em prática um comportamento socialmente competente.

A informação provida pela persuasão social relacionada ao domínio de uma tarefa é especialmente importante para aquelas pessoas que já possuem um nível alto de autoeficácia social e que precisam somente um pouco mais de confiança para levar a cabo um esforço extra e alcançar o sucesso. Em pessoas que possuem crenças de autoeficácia fracas, a persuasão social deverá ser acompanhada, necessariamente, da informação de outras fontes de autoeficácia social.

Estado fisiológico

Múltiplos indicadores de ativação autônoma podem ser interpretados pelo indivíduo como sinais de sua própria inaptidão e reforçar a informação proporcionada pelas fontes de persuasão. Deste modo, existem situações em que algumas pessoas, apesar de um repertório apropriado de comportamentos, não desempenham competentemente devido a uma inibição da resposta ocasionada pela ansiedade condicionada a estímulos externos e cognitivamente mediada. Na realidade, na maioria dos casos de inibição mediada pela ansiedade não é a ativação fisiológica em si mesma que afeta o desempenho, mas seu efeito é mediado por um processo cognitivo de interpretação desta informação. Em geral, as pessoas tendem a interpretar os altos estados de ansiedade como sinal de vulnerabilidade e, portanto, como indicadores de um baixo rendimento, o que afetará negativamente suas crenças de autoeficácia social. Nesses casos, pode-se observar o importante papel do estado fisiológico de uma pessoa como fonte de informação sobre as próprias capacidades de enfrentamento de uma tarefa.

3.2. Processo de avaliação da eficácia pessoal

As crenças de autoeficácia são reavaliadas ao longo de toda a vida, já que a pessoa coloca em prova constantemente suas competências frente a tarefas de diferente complexidade. Não obstante, em muitos casos, ela pode superestimar ou subestimar suas habilidades e, dessa maneira, sofrer as consequências de tais erros de percepção, o que impacta diretamente sobre o processo de avaliação da autoeficácia. Assim, um jovem pode considerar-se capaz de iniciar conversação com pessoas pelas quais se sente atraído(a), mesmo que não tenha as habilidades sociais necessárias para responder de forma competente a esta situação. Se o interlocutor se recusa a entabular conversação com o jovem, este pode se ver obrigado a reavaliar suas crenças prévias. No entanto, se tais consequências não são muito relevantes, ou não interpretadas como fracasso (devido a tendências de atribuição, distorções cognitivas, estado afetivo prévio, entre outros fatores), ele não reavaliará suas crenças e poderá continuar envolvendo-se em demandas sociais que excedem suas competências. Tais situações não favorecem uma avaliação precisa de autoeficácia, afetando a relação entre os julgamentos de eficácia e o comportamento.

Como se pode inferir, a interpretação da informação baseada nas quatro fontes de autoeficácia depende do processamento cognitivo do indivíduo. Para alguns autores (Lent, Brown & Hackett, 1994), a disposição afetiva da pessoa é um fator determinante da forma pela qual a informação de eficácia é processada. Por exemplo, alguém com tendência à autodepreciação e a sentimentos negativos pode prestar atenção seletiva às experiências de fracasso (abstração seletiva) e não levar em consideração as de sucesso.

Para Schunk (1989), a avaliação de autoeficácia é um processo inferencial. Neste processo, as pessoas combinam as informações associadas a diferentes fatores situacionais e pessoais, tais como a autoeficácia percebida, preexistente no sujeito, a disposição afetiva, a dificuldade da tarefa, o montante de esforço empregado na tarefa, a quantidade de ajuda externa recebida, o resultado das tarefas, o padrão de sucessos e fracasso, a semelhança percebida com os modelos e a credibilidade do persuasor.

Bilgin e Akkapulu (2007) assinalam que a percepção de ajustamento conjugal entre os pais, juntamente com padrões funcionais de apego deles com seus filhos, constituem fontes de informação de autoeficácia social de grande importância na vida de crianças e adolescentes. Adicionalmente, em algumas pesquisas desses autores, demonstrou-se que a existência de relações conflituosas entre os pais se vincula a uma menor ligação com os filhos, o que afeta as relações sociais e emocionais com eles, debilitando, por sua vez, crenças de autoeficácia social (Einsign, Scherman & Clark, 1998;

Markiewicz, Doyle & Brendgen, 2001; Richardson & McCabe, 2001 em Bilgin & Akkapulu 2007).

3.3. *Modos de influência da autoeficácia social*

A autoeficácia também determina o esforço que as pessoas se aplicam em uma atividade, bem como quão perseverantes serão frente aos obstáculos que apareçam. Quanto maior a força da autoeficácia do indivíduo, maior o esforço e a persistência na atividade. De acordo com Pajares e Schunk (no prelo), esta função de autoeficácia ajuda a criar um tipo de "profecia autorrealizadora", já que a maior perseverança associada a crenças de eficácia conduz a um melhor rendimento, o que, por sua vez, aumenta a eficácia pessoal. Por outro lado, crenças fracas de autoeficácia limitam o potencial do sujeito para fortalecê-las.

A terceira forma pela qual a autoeficácia afeta o comportamento humano é influindo sobre os padrões de pensamento e as reações emocionais. As pessoas com crenças fracas de autoeficácia social, por exemplo, podem considerar uma atividade ou demanda social como muito mais difícil do que realmente é, o que lhes causa um alto grau de estresse e ansiedade, assim como pensamentos negativos acerca de seu possível desempenho. Crenças fortes de autoeficácia, por outro lado, trazem uma maior confiança e serenidade no enfrentamento de tarefas difíceis.

A autoeficácia também influi nas atribuições causais que o indivíduo elabora diante do sucesso ou fracasso. Pessoas com um forte sentido de eficácia pessoal recuperam a autoconfiança mais rapidamente depois de fracassar na realização de alguma atividade ou no cumprimento de uma meta, e tendem a atribuir seu fracasso a insuficiência de esforço, conhecimento ou de habilidades passíveis de serem adquiridas. Por outro lado, pessoas com baixo sentido de autoeficácia tendem a atribuir seus fracassos à falta de habilidades percebidas como inatas, permanentes e não modificáveis, considerando-se incapazes de adquiri-las. Para essas pessoas, o fracasso é uma evidência de sua incapacidade, funcionando como um círculo vicioso para comportamentos disfuncionais.

A quarta forma pela qual a autoeficácia afeta o comportamento é permitindo ao sujeito ser um produtor de seu próprio futuro e não um simples preditor. Indivíduos que se percebem como socialmente eficazes se impõem desafios, intensificam esforços quando seu desempenho social não foi suficientemente competente de acordo com as metas a que se propõem, experimentam baixo grau de estresse diante de tarefas difíceis e apresentam uma grande quantidade de interesses por novas atividades sociais.

Pode-se observar que o processo básico de criação e utilização das crenças de autoeficácia é bastante intuitivo (Pajares, 1997). Em primeiro lugar, os indivíduos se envolvem em atividades sociais e tentam comportar-se de acordo com as demandas da situação e as metas de rendimento que tenham estabelecido. Em segundo lugar, interpretam os resultados de seu comportamento e a informação obtida de cada uma das fontes de autoeficácia, o que também influi nas expectativas de resultados.

Ainda que as expectativas de resultados se relacionem fortemente com as crenças de autoeficácia, estas crenças determinam em grande parte tais expectativas. Desta forma, aquelas pessoas que se consideram capazes em uma atividade particular antecipam sucesso (um estudante que se considera muito hábil em iniciar conversações com uma pessoa do sexo oposto antecipará um bom resultado na atividade que vai realizar). No entanto, a relação entre autoeficácia e expectativas de resultados nem sempre é consistente. Um universitário pode acreditar que a participação em uma discussão acadêmica terá resultados positivos, porém ter crenças fracas de suas HS, evitando, assim, participar dessas situações. Uma forte autoeficácia social e a antecipação de resultados positivos também são possíveis. Um exemplo é o da pessoa com fortes crenças de autoeficácia para encontros afetivos (*dating skills*) que antecipa rejeição da pessoa com a qual está querendo se relacionar.

Os diferentes papéis representados por ambos os construtos continuam sendo uma área de estudo, porém numerosas pesquisas apontam para as considerações da TSC acerca do maior poder preditivo das crenças de autoeficácia (Pajares, 1997). O que foi dito até o momento pode ser representado esquematicamente como na Figura 3.

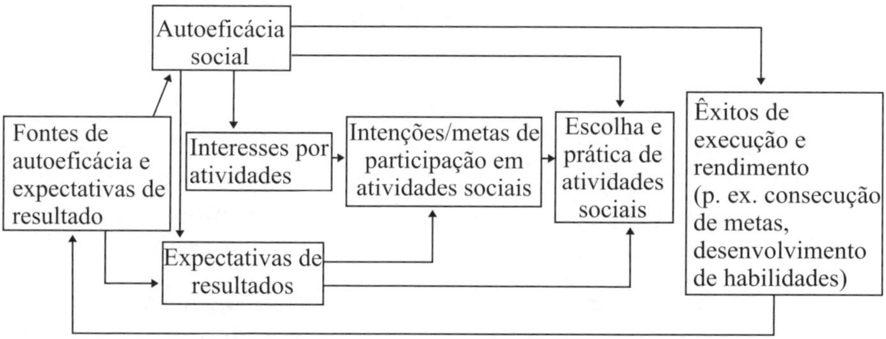

Figura 3. Modelo Social-Cognitivo do comportamento social, modelo representando influências cognitivas e comportamentais na infância e na adolescência (Adaptado de Lent, Brown & Hackett, 1994)

Como pode ser observado na Figura 3, a autoeficácia e as expectativas de resultados atuam como codeterminantes do interesse da pessoa em envolver-se em uma situação social. Os interesses, por sua vez, promovem metas de participação (intenções ou aspirações de envolvimento na atividade) que aumentam a probabilidade de participação nessas atividades. A participação em atividades sociais conduz o sujeito a experiências de sucesso ou fracasso que podem fortalecer ou enfraquecer, respectivamente, a autoeficácia social e as expectativas de resultados, servindo como experiências de aprendizagem que afetam desta forma a persistência na escolha feita.

As expectativas de resultados afetam as intenções e as ações tanto indiretamente, via interesses, como diretamente. Quanto mais valorizados são os resultados percebidos, maior a probabilidade de que o sujeito adote determinados cursos de ação. A autoeficácia também afeta o processo por diversos meios: indiretamente, afetando as expectativas de resultado e os interesses, e diretamente por meio das metas, escolhas e os sucessos na execução e rendimento subsequente.

De acordo com a perspectiva proposta por Bandura (1987), considera-se que nossas ações de escolha não são automaticamente determinadas pela pressão do ambiente ou por nossa história pessoal. Pelo contrário, a capacidade de autorregulação por meio de metas, que surgem da relação entre autoeficácia, expectativas de resultados e interesses, estabelece uma medida de agência pessoal na determinação de nosso próprio futuro, que vai além da sensibilidade das metas às influências aleatórias (Lent, Brown & Hackett, 1994).

Como se pode observar, sob a TSC considera-se que a autoeficácia social tem um papel mediador nas estruturas explicativas causais, uma vez que afeta os cursos de ação dos indivíduos não apenas diretamente, mas também por meio de seu impacto sobre outros determinantes cognitivos, motivacionais e afetivos (Bandura & cols., 2001). Assim, fortes crenças de autoeficácia social exerceriam um efeito protetor em diferentes etapas da vida de uma pessoa.

A aquisição de comportamentos sociais envolve um processo de aprendizagem durante toda a vida, onde a passagem a novos grupos e contextos sociais implica em modificar metas sociais e exigência de melhores repertórios de comportamentos interpessoais. Segundo Del Prette, Del Prette e Barreto (1999), as maiores demandas aparecem durante a adolescência, uma vez que tanto os pais como os professores esperam comportamentos sociais mais elaborados. Este processo de transição caracteriza-se pelo afastamento do núcleo familiar, o ingresso na universidade e o desenvolvimento da independência pessoal. Frente a todos estes fatores, crenças fracas de autoeficácia social poderiam levar a problemas típicos desta etapa evolutiva, tais como timidez, ansiedade social, dificuldade na resolução de problemas, depressão, consumo de substâncias e baixo rendimento acadêmico (Caballo, 2000; Del Prette & Del Prette, 2003).

4. O Treinamento de Habilidades Sociais e a Teoria Social-Cognitiva

Muitas vezes, as interações sociais podem ser insatisfatórias devido a déficits de HS específicas como a dificuldade em articulá-las produtivamente para obter consequências desejadas. Além disso, existem muitas situações nas quais a pessoa conta com um repertório adequado de comportamentos, mas não desempenha de forma competente devido a uma inibição mediada pela ansiedade ou cognitivamente mediada (baixas expectativas de autoeficácia, déficits na percepção das normas sociais ou no processamento de estímulos e sinais sociais, por exemplo). Por isso, e sob uma perspectiva terapêutica, as HS podem ser treinadas por meio de diferentes procedimentos (instrução, desempenho de papéis, modelação, reforçamento, entre outros) com o objetivo de melhorar a qualidade de vida das pessoas em todos os contextos de interação social. Considerando o modelo apresentado, o psicólogo ou agente de saúde pode planejar estratégias de Treinamento de Habilidades Sociais (THS) para modificar fatores pessoais, ambientais e comportamentais.

Ainda que cada um desses fatores tenha importância, o agente de saúde pode determinar a direção de seus esforços no sentido de facilitar as condições para a modificação de comportamentos sociais pouco competentes. Sob este enfoque, o THS pode ser pensado como conjunto integrado de técnicas para a modificação de autocrenças, emoções e pensamento disfuncionais, e aquisição de capacidades cognitivas (fatores pessoais), aperfeiçoamento e aquisição de competências comportamentais (comportamentos), e, ainda, alteração dos fatores do ambiente que impedem o comportamento funcional (fatores ambientais). Adicionalmente, as diferentes técnicas do THS teriam como objetivo o fortalecimento de crenças de autoeficácia social que, por sua vez, funcionarão como fatores promotores de uma maior competência social.

Como já se assinalou, a maioria dos formatos de THS inclui, em alguma medida, procedimentos de modelação, e sua utilidade é maximizada quando se trabalha no formato grupal. Como assinalam Ríos Saldaña, Del Prette e Del Prette (2002), quando se utiliza um formato de intervenção grupal, a modelação é um processo contínuo, já que os participantes observam o desempenho dos colegas e do coordenador, prestando atenção a aspectos moleculares e molares dos comportamentos emitidos, confrontando e reestruturando suas crenças e expectativas.

Como a TSC diferencia aquisição de desempenho e a pesquisa sobre as fontes de autoeficácia tem demonstrado que as experiências de domínio são fatores importantes para o desenvolvimento de um forte sentido de autoeficácia, as estratégias de THS baseadas no desempenho comportamental são fundamentais. Por isso, o ensaio comportamental e o treinamento de discriminação de normas sociais são de especial importância em um THS (Ríos Saldaña, Del Prette & Del Prette, 2002). Ainda que as modalidades instrucionais de treinamento sejam eficazes, a maior efetividade e generalização das mudanças, obtidas nas modalidades vivenciais (Del Prette & Del Prette, 2008, Olaz & cols., s.d), fundamentam a importância de incluir técnicas de execução comportamental nos programas de THS.

Não obstante certo consenso na literatura especializada quanto às diferentes técnicas utilizadas no THS, a utilização delas em separado se transformaria em uma metodologia mecânica e desprovida de propriedades ecológicas. Adicionalmente, o treinamento em situações específicas muitas vezes dificulta a generalização para outros contextos, devido à especificidade situacional das habilidades treinadas. Por isso, as vivências constituem um recurso de utilidade em programas de THS, já que caracterizam o treinamento sob uma perspectiva lúdica e de suporte para que os participantes enfrentem seus déficits interpessoais.

As vivências são definidas por Del Prette e Del Prette (2006) como: "atividades grupais, estruturadas de modo análogo ou simbólico a situações cotidianas, nas quais se estabelece oportunidade para desempenhos específicos, permitindo que o coordenador avalie os comportamentos observados e utilize contingências pertinentes para fortalecer e/ou ampliar o repertório de habilidades sociais dos participantes" (p. 101). A utilização de contextos simbólicos e lúdicos facilita a elaboração de metacognições, de concepções geradoras e de regras de comportamento generalizáveis para diversos contextos interpessoais. Do ponto de vista social-cognitivo, as vivências constituem um recurso para integrar fatores pessoais, comportamentais e ambientais em uma mesma atividade, facilitando desta maneira a modificação dos comportamentos do cliente para abordar seus problemas em toda a sua complexidade.

Além das diferentes modalidades de THS, atualmente a grande parte deles inclui, em maior ou menor grau, estratégias de reestruturação cognitiva. Por meio de técnicas cognitivas e comportamentais (*feedback*, reestruturação cognitiva, técnicas de resolução de problemas interpessoais etc.), as pessoas aprendem a modificar crenças irracionais e a identificar processos distorcidos de pensamento, modificando formas rígidas e estereotipadas de pensamento e substituindo-as por formas mais flexíveis de resolução de problemas. Adicionalmente, a utilização destas estratégias permite à pessoa melhorar sua capacidade autorreguladora, mantendo ou alterando a forma, direção ou conteúdo do desempenho social (Del Prette & Del Prette, 2002) e fortalecendo sua autoeficácia social.

Algumas pesquisas têm mostrado que as intervenções psicológicas em geral, e os programas de THS em particular, têm impacto sobre a autoeficácia social. Em um estudo clássico, conduzido na década de 80, Hammen, Jacobs, Mayol e Cochran (1980) encontraram que o THS aumentava notavelmente a força das percepções de eficácia social dos participantes.

Ainda que não se tenha encontrado investigações atuais que focalizassem o efeito dos programas de THS sobre a autoeficácia social, alguns pesquisadores têm incluído medidas de autoeficácia social em programas terapêuticos cognitivo-comportamentais para verificar a modificação dessas crenças em função da intervenção. Neste sentido, Washington (1999) conduziu um estudo quase experimental para determinar o efeito de duas modalidades psicoterapêuticas grupais, uma cognitiva e uma experiencial, dirigida a mulheres afro-americanas dependentes de substâncias estimulantes. Após a intervenção, as mulheres tratadas com a modalidade cognitiva apresentaram mudanças significativas e níveis superiores de autoeficácia social que o grupo experiencial.

Na Argentina, desenvolveu-se programa THS dirigido a estudantes dos últimos anos de licenciatura em Psicologia, visando avaliar a eficácia do treinamento sobre o fortalecimento das crenças de autoeficácia social dos participantes (Olaz & cols., s.d.). Foi utilizado um delineamento quase experimental de avaliação pré e pós-intervenção com três grupos, dois experimentais escolhidos ao acaso, e um grupo-controle não aleatório, sem intervenção. O primeiro grupo experimental participou de um programa de THS com modalidade vivencial (Del Prette & Del Prette, 2008), e o segundo participou do mesmo programa, porém com uma modalidade instrucional. Utilizou-se como medida de avaliação a Escala de Autoeficácia Social para Estudantes Universitários (EAS-U, Olaz, Pérez & Stefani, s.d.). Trata-se de uma escala composta de 48 itens, distribuídos em cinco subescalas: quatro delas são escalas de autoeficácia (Marcar Encontros, Conversação, Oposição Assertiva e Aceitação Assertiva) correspondentes à tipologia proposta por Kelly (1987), e a quinta, denominada Autoeficácia Social Acadêmica, corresponde a uma dimensão de habilidades sociais sugerida por outros autores (citados por Del Prette & Del Prette, 2006).

Não foram verificadas, no grupo-controle, diferenças entre as medidas de pré e pós-intervenção em nenhuma das subescalas, nem nas pontuações da escala completa. No entanto, foram verificadas diferenças significativas nos grupos de tratamento. No grupo treinado com a modalidade vivencial ocorreram diferenças significativas em todos os fatores da escala e na escala completa. Por outro lado, no grupo instrucional foram observadas diferenças em três subescalas de autoeficácia (Social Acadêmica, Oposição Assertiva, Aceitação Assertiva) e na escala completa. Adicionalmente, os tamanhos do efeito foram maiores no grupo vivencial que no instrucional (Olaz & cols., s.d.).

Medrano (2008) elaborou e aplicou um programa de treinamento de habilidades sociais acadêmicas (fazer e responder perguntas, emitir e pedir *feedback*, coordenar grupos, expor trabalhos) e aprendizagem de autorregulação (planejamento do tempo de estudo, tomada de anotações, compreensão de leitura, preparação para exames, redação expositiva) para ingressantes universitários. Sob um delineamento quase experimental, verificou-se que o grupo que recebeu o programa de treinamento apresentou uma menor porcentagem de evasão acadêmica e uma porcentagem de altas qualificações maior do que os grupos de controle.

Os resultados dos estudos apresentados permitem concluir que a autoeficácia social pode ser modificada por intervenções específicas, o que é de fundamental importância, considerando o papel destas crenças na aquisição e aperfeiçoamento de habilidades sociais.

5. Considerações finais

Nos últimos anos, a TSC de Albert Bandura vem se transformando em um dos movimentos psicológicos mais proeminentes da época. Essa teoria constitui uma tentativa de abordagem do funcionamento humano que revaloriza o papel das autocrenças sobre a motivação e comportamento humanos, enfatizando o papel proativo e autorregulador da pessoa, em lugar de atribuir-lhe um papel reativo a forças externas ou a impulsos biológicos.

Rejeitando a indiferença behaviorista aos processos cognitivos pessoais, a TSC valoriza o autossistema, que capacita o indivíduo a exercer controle sobre seus pensamentos, sentimentos e ações. Neste sentido, as crenças são os elementos-chave no exercício do controle das pessoas sobre o ambiente, assim como sobre seus sucessos pessoais, culturais e sociais.

O objetivo deste capítulo foi introduzir as bases da TSC para a compreensão das habilidades e da competência social das pessoas. Foram apresentadas as bases conceituais que fundamentam a visão de natureza humana proposta pela teoria, segundo a qual as pessoas são vistas como agentes proativos que autorregulam seus comportamentos e modificam ativamente seu ambiente social. Desta maneira, a proposta de um modelo interativo de causalidade traz importantes implicações para as intervenções planejadas para lidar com problemas interpessoais.

Ainda que atualmente se tenha demonstrado a importância das HS nos diferentes contextos de funcionamento humano, bem como a efetividade dos programas de THS, a elaboração de um modelo teórico que unifique os resultados da pesquisa sob uma perspectiva sistêmica constitui uma lacuna. Neste sentido, a TSC representa uma referência conceitual promissora para a explicação e predição do comportamento social humano. Levando isto em consideração, pode-se conclamar os investigadores a desenvolverem e avaliarem modelos causais de competência social elaborados com base na TSC. Os resultados obtidos em algumas pesquisas têm sido alentadores, demonstrando a capacidade preditiva de tais modelos (Bandura, Pastorelli, Barbaranelli & Caprara, 2001; Bandura & cols., 2001).

6. Referências

Argyle, M., Bryant, B. & Trower, P. (1974). Social skills training and psychotherapy: A comparative study. *Psychological Medicine, 4*, 435-443.

Bandura, A. (1987). *Pensamiento e acción. Fundamentos sociales*. Madrid: Martínez Roca.

Bandura, A. (1997). *Self-efficacy: The exercise of control*. New York: Freeman.

Bandura, A. (1999). *Auto-eficácia: Cómo afrontamos los cambios de la sociedad actual*. Biblioteca de Psicología. España: Desclée de Brouwer.

Bandura, A., Caprara, G.V., Barbaranelli, C., Pastorelli, C. & Regalia, C. (2001). Sociocognitive self-regulatory mechanisms governing transgressive behavior. *Journal of Personality and Social Psychology, 80*, 125-135.

Bandura, A., Pastorelli, C., Barbaranelli, C. & Caprara, G.V. (2001). Self-efficacy pathways to childhood depression. *Journal of Personality and Social Psychology, 76*, 258-269.

Bermúdez, M.P., Álvarez, I.T. & Sánchez, A. (2003). Análisis de la relación entre inteligencia emocional, estabilidad emocional e bienestar psicológico. *Universitas Psychologica, 2*, 27-32.

Bilgin, M. & Akkapulu, E. (2007). Some variables predicting social self-efficacy expectation. *Social Behavior and Personality, 35*, 777-788.

Brackett, M.A., Rivers, S.E., Shiffman, S., Lerner, N. & Salovey, P. (2006). Relating emotional abilities to social functioning: A comparison of self-report and performance measures of emotional intelligence. *Journal of Personality and Social Psychology*, *91*, 780-795.

Caballo, V.E. (1993). Relaciones entre diversas medidas de autoinformes das habilidades sociales. *Psicología Conductual, 1*, 73-99.

Caballo, V.E. (2000). *Manual de evaluación e entrenamiento das habilidades sociales*. España: Siglo XXI.

Caprara, G.V., Steca, P., Cervone, D. & Artistico, D. (2003). The contribution of self-efficacy beliefs to dispositional shyness: On social-cognitive systems and the development of personality dispositions. *Journal of Personality, 71*, 943-970.

Cook, C.R., Gresham, F.M., Kern, L., Barreras, R.B., Thornton, S. & Crews, S.D. (2008). Social skills training for secondary students with emotional and/or behavioral disorders: A review and analysis of the meta-analytic literature. *Journal of Emotional and Behavioral Disorders, 16*, 131-144.

Costa, P. & Mc Crae, R. (1999). *NEO-PI-R. Manual*. Madrid: TEA.

Del Prette, A. & Del Prette, Z.A.P. (2008). *Psicologia das relações interpessoais e habilidades sociais: Vivências para o trabalho em grupo* (6ª ed.). Petrópolis: Vozes.

Del Prette, A. & Del Prette, Z.A.P. (2003). No contexto da travessia para o ambiente de trabalho: Treinamento de habilidades sociais com universitários. *Estudos de Psicologia, 8*, 413-420. Recuperado em 19 de maio de 2006 de www.rihs.ufscar.br/index.php?option=com_content&task=view&id=47&Itemid=74

Del Prette, A., Del Prette, Z.A.P. & Barreto, M.C.M. (1999). Habilidades sociales em la formación profesional del psicólogo: Análisis de un programa de intervención. *Psicología Conductual, 7*, 27-47.

Del Prette, Z.A.P. & Del Prette, A. (2002). *Psicología das habilidades sociales: Terapia e educación*. México: Manual Moderno.

Del Prette, Z.A.P. & Del Prette, A. (2006). *Psicologia das habilidades sociais na infância: Teoria e prática* (2ª ed.). Petrópolis: Vozes.

Del Prette, Z.A.P. & Del Prette, A. (2007). *Psicologia das habilidades sociais: Terapia, educação e trabalho* (5ª ed.). Petrópolis: Vozes.

Fernández Ballesteros, R. (2000). *Introducción a la evaluación psicológica*. Madrid: Pirámide.

Fiori, K.L., Mcilvane, J.M., Brown, E.E. & Antonucci, T.C. (2006). Social relations and depressive symptomatology: Self-efficacy as a mediator. *Aging & Mental Health, 10*, 227-239.

Goleman, D. (1998). *Working with emotional intelligence*. New York: Bantam.

Hammen, C.L., Jacobs, M., Mayol, A. & Cochran, S.D. (1980). Dysfunctional cognitions and the effectiveness of skills and cognitive behavioral assertion training. *Journal of Consulting and Clinical Psychology, 48*, 685-695.

Hermann, K.S. & Betz, N.E. (2006). Path models of the relationships of instrumentality and expressiveness, social self-efficacy, and self-esteem to depressive symptoms in college students. *Journal of Social and Clinical Psychology, 25*, 1086-1106.

Kagan, J. (1998). Biology and the child. In W. Damon (Series ed.) & N. Eisenberg (Vol. ed.), *Handbook of child development* (5th edition). *Emotional and Personality Development* (Vol. 3, pp. 177-236). New York: Wiley.

Kelly, J. (1987). *Entrenamiento de las habilidades sociales*. España: Descleé de Brouwer.

Lent, R., Brown, D. & Hackett, G. (1994). Toward a unifying social cognitive theory of career and academic interest, choice, and performance. *Journal of Vocational Behavior, 45*, 79-22.

Matsushima, R. & Kunio, S. (2003). Social self efficacy and Interpersonal stress in adolescents. *Social Behavior and Personality, 31*, 323-332.

Mayer, J.D., Salovey, P. & Caruso, D. (2000). Models of emotional intelligence. In R.J. Sternberg (Ed.), *Handbook of human intelligence* (pp. 396-420). New York: Cambridge University Press.

Medrano, L. (2008). *Programa de entrenamiento em aprendizaje autorregulado e habilidades sociales académicas para ingresantes universitarios*. Informe del curso de Nivelación. Manuscrito no publicado. Facultad de Psicología. Universidad Nacional de Córdoba.

Moe, K.O. & Zeiss, A.M. (1982). Measuring self-efficacy expectations for social skills: A methodological inquiry. *Cognitive Therapy and Research, 6*, 191-205.

Olaz, F., Pérez, E. & Stefani, D. (2008). Construcción de una Escala de Autoeficacia Social para Estudiantes Universitarios. Manuscrito presentado para su publicación.

Olaz, F., Medrano, L., Mirantes, R., Godoy, J.C., Santucho, I., Conn, H. & Cabanillas, G. (s.d.). *Análisis del impacto de un programa de entrenamiento para la adquisición de habilidades sociales necesarias en la formación del psicólogo*. Manuscrito em preparação.

Pajares, F. (1997). Currents directions in self-efficacy research. In Maehr, M. & Pintrich, P. (Eds.), *Advances in motivation and achievement, 10* (pp. 1-49). Greenwich CT: JAI Press.

Pajares, F. (1996). Self-efficacy beliefs in academic settings. *Review of Educational Research, 66*, 543-578.

Pajares, F. & Olaz, F. (2008). Teoria social-cognitiva e autoeficácia: Uma visão geral. In A. Bandura, R.G. Azzi & S. Polydoro (Orgs.), *Teoría social cognitiva: Conceitos básicos* (pp. 97-114). Brasil: Artmed.

Pajares, F. & Schunk, D.H. (no prelo). The self and academic motivation: Theory and research after the cognitive revolution. In J.M. Royer (Ed.). *The impact of the Cognitive Revolution on Educational Psychology*. Greenwich, CT: Information Age Publishing.

Parault, S.J., Davis, H.A. & Pellegrini, A.D. (2007). The Social contexts of bullying and victimization. *The Journal of Early Adolescence, 27*, 145-174.

Penn, D.L., Kohlmaier, J.R. & Corrigan, P.W. (2000). Interpersonal factors contributing to the stigma of schizophrenia: social skills, perceived attractiveness, and symptoms. *Schizophrenia Research, 45*, 35-45.

Ríos Saldaña, M.R.R., Del Prette, A. & Del Prette, Z.A.P. (2002). A importância da teoria da aprendizagem social na constituição da área do Treinamento de Habilidades Sociais. In H.J. Guilhardi, M.B.B. Madi, P.P. Queiroz & M.C. Scoz (Orgs.), *Comportamento e Cognição: Contribuições para a construção da teoria do comportamento* (pp. 269-283). Santo André: ESETec.

Rodebaugh, T.L. (2006). Self-efficacy and social behavior. *Behavior Research and Therapy, 44*, 1.831-1.838.

Schmidt, L.A. & Fox, N. (2002). Individual differences in childhood shyness: Origins, malleability, and developmental course. In D. Cervone & W. Mischel (Eds.), *Advances in personality science* (pp. 153-176). New York: Guilford Press.

Schunk, D.H. (1989). Self-efficacy and achievement behaviors. *Educational Psychology Review, 1*, 173-207.

Segrin, C. (1990). A meta-analytic review of social skill deficits in depression. *Communication Monographs, 57*, 292-308.

Segrin, C. & Flora, J. (1998). Joint leisure time in friend and romantic relationships: The role of activity type, social skills and positivity. *Journal of Social and Personal Relationships, 15*, 711-718.

Troisi, A., Spalleta, G. & Pasini, A. (1998). Non-verbal behavior in schizophrenia: an ethological study of drug-free patient. *Acta Psychiatrica Scandinavica, 97*, 109-115.

Valiante, G. (2000). *Writing self-efficacy and gender orientation. A developmental perspective.* Dissertação de Doutorado. Atlanta: Emory University.

Vecchio, G.M., Gerbino, M., Pastorelli, C., Del Bove, G. & Caprara, G.V. (2007). Multi-faceted self-efficacy beliefs as predictors of life satisfaction in late adolescence. *Personality and Individual Differences, 43*, 1.807-1.818.

Washington, O. (1999). Effects of cognitive and experiential group therapy on self-efficacy and perceptions of employability of chemically dependent women. *Issues in Mental Health Nursing, 20*, 181-198.

Zeldin, A. (2000). *Review of Career Self-efficacy iterature* . Dissertação de Doutorado. Universidad de Emory, Atlanta.

Zimmermman, B., Bonner, S. & Kovach, R. (1996). *Developing self regulated learners. Beyond achievement to self-efficacy.* Washington: American Psychological Association.

CAPÍTULO 4

Componentes não verbais e paralinguísticos das habilidades sociais

Almir Del Prette
Zilda A.P. Del Prette

Na prática do Treinamento de Habilidades Sociais (THS) há um relativo consenso de que a análise e promoção das habilidades sociais e da competência social devem considerar também os componentes *não verbais* e *paralinguísticos* do comportamento social (Argyle, 1967/1994; Trower, 1980). Contudo, verifica-se que os modelos conceituais do THS diferem tanto na ênfase sobre a importância desses componentes como no tipo de análise sobre os mesmos.

Há cerca de vinte anos, observa-se um avanço na teorização sobre as habilidades sociais, com oportunas considerações de vários estudiosos (por exemplo, Hargie, Saunders & Dickson, 1994; McFall, 1982; Trower, 1995). Entretanto, a utilização dos componentes não verbais e paralinguísticos na definição da competência social, bem como o reconhecimento de sua importância para o avanço da pesquisa e da prática no campo do THS, justificam uma teorização específica sobre as questões inerentes a essa temática. Essa teorização implica uma análise sobre a relação entre forma ou topografia desses componentes e sua função ou contribuição para um desempenho socialmente competente.

Este capítulo focaliza os componentes não verbais e paralinguísticos das habilidades sociais (referidos neste texto também pela abreviatura NV&P), sob a perspectiva das principais abordagens do THS, a diferenciação do modelo operante em relação às demais e algumas implicações dessa diversidade. Discute-se a dicotomia entre topografia e funcionalidade na avaliação da competência social e algumas questões práticas dessa avaliação. Destaca-se a importância dos componentes NV&P no diagnóstico de transtornos psicológicos em geral e, em particular, nas atividades de planejamento e condução de programas de treinamento de habilidades sociais.

1. Não verbais e paralinguísticos como objetos de estudo

Historicamente, a análise dos componentes NV&P está associada a uma área, denominada comunicação interpessoal, que estuda as interações face a face mais do que a relação entre grupos amplos de pessoas (Hargie, Saunders & Dickson, 1994). Os termos *não verbal* e *paralinguístico* têm sido abordados sob diferentes enfoques de investigação e de teorização em várias disciplinas como Comunicação, Linguística, Semiótica, Antropologia, Psicologia, entre outras. Já nos anos 70, o caráter interdisciplinar desse tema se evidenciava na relação dos integrantes do *Royal Society Study Group on Non-Verbal Communication*[1], que incluía pesquisadores de departamentos e institutos tão diferenciados como Antropologia, Ciências Biológicas, Psicologia Experimental, Linguística, Zoologia, Economia e Ciência Política, entre outros.

O estudo dos componentes NV&P está associado a uma vasta terminologia que inclui termos como comunicação não verbal, comportamento não verbal e não vocal, topografia, aspectos formais da fala etc. A terminologia é parte importante da apreensão e

1. Essa relação, com trinta e três nomes de pesquisadores, está inserida no livro de Hinde (1979), *Non-Verbal Communication*.

análise de qualquer fenômeno e remete às bases conceituais adotadas por uma área de investigação, contribuindo, assim, para o avanço do conhecimento científico.

Algumas áreas estudam um mesmo fenômeno ou aspectos de um mesmo fenômeno com terminologia bastante diferenciada, dificultando uma exploração minuciosa de pontos convergentes e divergentes entre elas. Essa característica, própria do fazer científico, algumas vezes dificulta o diálogo entre áreas de conhecimento.

Em condição oposta, áreas diferentes podem investigar, sob uma mesma terminologia, objetos de pesquisa bastante diferenciados em sua fundamentação conceitual e metodológica. Nesse caso, há também obstáculos, pois nem sempre as pesquisas estão de fato referindo-se ao mesmo fenômeno ou às mesmas características de um fenômeno. De qualquer maneira, espera-se que essa situação não desencoraje o estudo interdisciplinar, atualmente entendido como condição importante para o avanço do conhecimento.

As diferentes abordagens e termos adotados na análise dos componentes NV&P exemplificam bem as condições da multidisciplinaridade, antes referidas. Em primeiro lugar, a diferenciação entre o que é verbal e o que é não verbal ou paralinguístico, bem como a importância de tal diferenciação, não são objetos de consenso, mesmo entre os teóricos da comunicação. Em seu sentido mais comum, o termo *verbal* está associado a uma estrutura linguística expressa por meio de sons (palavra, fala, vocalização) codificados pelo falante e decodificados pelo ouvinte, enquanto que o *não verbal* se restringiria à expressão não sonorizada, não vocalizada, sem estrutura linguística própria (gestos e outras expressões corporais), ainda que compreendida pelos membros de uma cultura ou subcultura. Por *paralinguístico* se considera geralmente todo o conjunto de elementos, tanto vocais como não vocais que ocorrem concomitantemente à fala e interagem com ela, produzindo o sistema total de comunicação (Scherer, 1984, 1986). Como exemplo, pode-se relacionar: variações na intensidade e extensão da fala, volume da voz, velocidade, pausas com significado de silêncio ou preenchidas com unidades sonoras mínimas (*humm, hã-hã*), riso, choro etc.

Em revisão dos estudos clássicos da área, alguns autores (Kendon, 1983; Knapp & Hall, 1999) afirmam que gestos e outras expressões não vocais são aceitos como um tipo de linguagem que pode, por vezes, substituir a fala, não sendo, portanto, adequado considerá-los como *não* verbais. Reconhecendo o entrelaçamento do verbal com o não verbal na comunicação e a tênue linha de separação entre eles, alguns autores, como, por exemplo, Knapp e Hall (1999), adotam uma alternativa mais pragmática: a de especificar os componentes que estão sendo classificados como NV&P, examinando cada um, independentemente da forma como são considerados por outros estudiosos. Essa perspectiva pode ser aplicada aos componentes NV&P de interesse na caracterização e promoção da competência social. Conforme explicitado em estudos anteriores (Del Prette & Del Prette, 1999; Del Prette & Del Prette, 2001), tais componentes podem ser resumidos conforme a Tabela 1.

Tabela 1. Principais componentes não verbais e paralinguísticos das habilidades sociais e da competência social

NÃO VERBAIS	PARALINGUÍSTICOS
Olhar e contato visual	Latência e pausas
Gestos, sorriso	Extensão da fala
Postura corporal	Velocidade da fala
Movimentos com a cabeça	(bradilalia, taquilalia)
Contato físico	Timbre da fala
Distância/proximidade	Volume da fala
Alterações fisiológicas	Modulação da fala
Aparência (atratividade)	Sons (riso, choro, suspiro etc.)

O planejamento de qualquer programa de promoção de habilidades sociais prevê a análise e a avaliação desses componentes, reconhecendo a forte influência das variáveis contextuais e culturais sobre as características e a efetividade das interações sociais e da competência social. Como se pode conferir na Tabela 1, a maior parte desses itens é constituída de comportamentos sociais, ainda que alguns possam ser considerados como produtos de comportamentos como, por exemplo, *atratividade física* e *aparência*. As evidências quanto à importância desses itens na avaliação da competência social justificam a sua inclusão na lista e intervenções focadas especificamente sobre eles ou sobre os comportamentos precorrentes (no caso de atratividade física e aparência, por exemplo).

Um outro aspecto a ser considerado na análise dessa tabela é que esses componentes variam quanto à facilidade ou dificuldade de controle pessoal. Dessa lista, pode-se identificar alguns de difícil controle, por exemplo, as reações fisiológicas indicativas de ansiedade (sudorese, rubor, alterações na respiração e outras mais observáveis pelo interlocutor). Além disso, algumas características da fala, como timbre e tonalidade, são difíceis de serem alteradas pela pessoa, ainda que se possa, sob um programa de treinamento, descobrir alternativas de volume e modulação que amenizam ou ressaltam as características desejáveis em diferentes situações.

2. Não verbais e paralinguísticos nas abordagens do Treinamento de Habilidades Sociais

A fundamentação conceitual do Treinamento das Habilidades Sociais (THS) foi se constituindo a partir de um conjunto de estudos teórico-empíricos sobre as relações entre as pessoas, cujos dados eram explicados sob diferentes abordagens ou modelos conceituais. Essas abordagens e modelos foram caracterizando dois enfoques gerais predominantes nesse campo teórico-prático, os comportamentais e os cognitivos, configurando-se também uma tendência "cognitivo-comportamental" que busca articular contribuições desses dois enfoques. Essa tendência, mais comum na prática do que na pesquisa, muitas vezes representa a mera justaposição de conceitos e princípios que, em suas bases teóricas, seriam inconciliáveis. Por exemplo, afirmar que o desempenho social deficitário foi causado pela ansiedade (explicação cognitivista) e que essa ansiedade foi condicionada por experiências anteriores malsucedidas.

Sob um enfoque cognitivo, diversas teorias participaram da constituição inicial do campo teórico-prático do THS. Historicamente, a primeira contribuição foi a do modelo de percepção social, explicitado por Argyle (1967/1994). Posteriormente, mas sem pretender uma exposição rigorosamente cronológica, outras teorias cognitivas[2] foram incorporadas a esse campo, com novos sistemas explicativos sobre a aquisição e os déficits em habilidades sociais, trazendo subsídios adicionais para a avaliação e a promoção desse repertório. Nesse contexto, podem ser relacionadas a "teoria do papel fixo" (Thibaut & Kelley, 1959), "modelo sociocognitivo" (Ladd & Mize, 1983) e a "teoria da aprendizagem social", como um dos processos explicativos do funcionamento humano que, juntamente com outros constructos, foram articulados posteriormente na formulação da teoria social-cognitiva de Bandura (1986). Para Argyle (1967/1994), os conhecimentos produzidos por esses modelos ou teorias deveriam ser integrados sob uma visão teórica ampla, por ele denominada de "modelo das habilidades sociais".

Sob o enfoque comportamental, os estudos foram inicialmente direcionados para a prática clínica e para os comportamentos sociais reunidos sob a denominação geral de assertividade, posteriormente entendida como uma das classes de habilidades sociais.

---

2. Para um resumo da contribuição dessas teorias para o THS, ver Del Prette e Del Prette (1999, 2000).

Conforme destacamos em outros trabalhos (Del Prette & Del Prette, 1996, 1999), historicamente, os déficits de assertividade eram explicados sob o paradigma do condicionamento respondente, enfatizando-se o papel inibitório da ansiedade, o que levou ao desenvolvimento de procedimentos para a dessensibilização de reações emocionais nas interações sociais. Esse desenvolvimento inicial focalizava com maior destaque os NV&P próprios das reações emocionais, especialmente as reações fisiológicas reflexas, e ficou também conhecido como "modelo da ansiedade" no THS (Del Prette & Del Prette, 1999). Posteriormente, com a constatação de que respostas assertivas eram incompatíveis com a ansiedade, houve a incorporação do paradigma operante e uma maior ênfase em procedimentos específicos para a aquisição e aperfeiçoamento da assertividade. Com o desenvolvimento da Análise do Comportamento e de suas vertentes aplicadas, em particular, a Terapia Comportamental, tem sido cada vez mais reconhecida a importância do THS na intervenção sobre problemas psicológicos. Constata-se que as habilidades sociais são incluídas como parte de uma classe mais geral denominada de habilidades adaptativas ou funcionais, reconhecidas como resultados desejáveis de processos terapêuticos e como direitos do cliente[3].

As diferenças entre os enfoques conceituais do THS são decorrentes das bases filosóficas em que se apoiam, apresentando, portanto, controvérsias e tensões que podem ser inconciliáveis. Ainda assim, entende-se que a explicitação de algumas dessas divergências poderia ser melhor explorada em termos de seu valor heurístico. A compreensão sobre os componentes NV&P tem sido em geral direcionada, ora para a sua funcionalidade, ora para a sua topografia (análise estrutural), gerando uma possível dicotomia entre esses aspectos. Segundo Catania (1999), a tensão entre funcionali-

---

3. Esse é um dos itens resultantes do trabalho do Grupo-Tarefa formado pela seção de Psicologia Clínica da Associação Americana de Psicologia, com relação aos direitos do cliente sob atendimento terapêutico (ver http://www.abainternational.org/ABA/statements/treatment.asp).

dade e estrutura constitui um dos aspectos da divergência entre abordagens cognitivas e comportamentais[4]. Embora, em última instância, o que interessa é a função dos NV&P sobre a qualidade e a efetividade dos comportamentos que caracterizam as habilidades sociais, o modo como são tratados pelos diferentes modelos conceituais pode sugerir maior ênfase na função ou na topografia. Nesse sentido, um exame das diferentes abordagens do THS sobre os componentes NV&P pode fornecer pistas interessantes sobre as características desses componentes, bem como outras possibilidades analíticas.

Considerando-se o atual desenvolvimento do modelo das habilidades sociais, observa-se, para os NV&P, uma maior abrangência explicativa derivada de três modelos: o de percepção social de Argyle, o cognitivo-social de Bandura e o comportamental, particularmente o modelo operante. Enquanto os dois primeiros parecem mais compatíveis com uma ênfase na topografia das habilidades sociais, o terceiro, comprometido com a análise funcional do comportamento, estaria aparentemente mais distante de uma análise topográfica das habilidades sociais. Segue-se uma breve análise dos componentes NV&P do desempenho social sob esses três modelos conceituais, norteada pela questão da funcionalidade e topografia.

2.1. O modelo da percepção social

Dentre os vários modelos conceituais do campo do THS, o da percepção social é um dos que mais fortemente enfatizam os componen-

4. Existem outras divergências, decorrentes das matrizes epistemológicas desses enfoques, por exemplo, o monismo fisicalista assumido pelo behaviorismo para os eventos psicológicos, descartando processos mediacionais não físicos que são valorizados e enfatizados sob enfoques cognitivistas. Assim, enquanto o sistema de crenças é entendido, sob abordagens cognitivas (Ellis, 1973; Bandura, 1986), como determinante do comportamento, na tradição operante é traduzido em comportamento (o pensar, o acreditar), de mesma natureza (física) que qualquer outro comportamento e sujeito aos mesmos determinantes (ver Abib, 1997; Skinner, 1989). Essas divergências não são objeto de discussão neste capítulo.

tes NV&P. Desde a constituição do campo do THS (quando ainda era definido como um método de treinamento) e nos primeiros estudos conduzidos por Argyle (1975; 1967/1994; 1993) e Argyle e colaboradores (Argyle & Dean, 1965; Argyle & Kendon, 1967), os termos "comunicação não verbal" e "comportamento não verbal" foram adotados como representativos de importantes dimensões da competência social e, portanto, ingredientes indispensáveis de programas de THS.

Uma característica do modelo de percepção social é a suposição de que, desde o nascimento, a pessoa desenvolve a capacidade de perceber e decodificar os estímulos sociais do ambiente por meio de processamento cognitivo. Esse processamento culminaria no que foi chamado por Argyle de "leitura do ambiente social" (compreensão da situação, do contexto e do interlocutor), permitindo ao indivíduo: (a) escolher entre responder ou não; (b) escolher uma entre diferentes respostas para lidar com a situação.

Nesse modelo, supõe-se que as vias perceptivas, principalmente da audição e da visão, são os principais canais de recepção da comunicação do outro. Percebe-se pela audição não apenas o que o interlocutor diz, ou seja, o conteúdo literal da fala, mas também a forma (topografia) de transmissão do conteúdo. Pela visualização, que opera nas interações face a face, simultaneamente com a audição, é possível perceber alterações sutis no olhar, na expressão facial, gestos e postura do falante. O uso desses recursos possibilita uma leitura mais completa do ambiente, o que inclui essas reações e sua contextualização. Tal leitura seria baseada conforme Argyle (1967/1994), principalmente na decodificação dos elementos verbais (fala oralizada) e não verbais (conteúdo e forma da fala oralizada, "fala" não oralizada, expressões faciais, gestos e postura corporal) da comunicação e variáveis do contexto onde o processo interativo ocorre. Trower (1980) dá destaque aos gestos, sorriso, latência da resposta na interação etc., denominando-os de componentes das habilidades sociais que permitiriam a adequação do comportamento às regras sociais e metas do indivíduo em interação com os outros. Assim, tanto o desenvolvimento da percepção como a aprendizagem de emissão e decodificação desses componentes estariam na base do desenvolvimento do repertório de habilidades sociais.

Considerando os métodos e objetivos das pesquisas sobre os componentes NV&P na comunicação interpessoal, Argyle (1979) identificava três grupos de estudos predominantes: (a) os que tomavam a comunicação não verbal como um tipo de linguagem, procurando caracterizar seus elementos e as relações estruturais entre eles (mais do que especificar relações causais), em geral baseados na análise de sequências temporais breves e sem tratamentos estatísticos; (b) os estudos voltados para a identificação das regras que governam os comportamentos verbal e não verbal em diferentes situações, por exemplo, como o sujeito percebe ou define uma situação e como interpreta seus elementos; (c) os estudos que examinavam o fenômeno da comunicação em situações extremamente controladas, sem elementos verbais, regras situacionais ou motivação para a comunicação.

Argyle defendia os cuidados metodológicos do terceiro grupo, mas criticava esses estudos por criarem contextos excessivamente artificiais, entendendo que conhecimentos mais relevantes nessa área requeriam ambientes experimentais realísticos, com explicitação das convenções em vigor. Os estudos de Argyle (1979), investigando experimentalmente as relações entre os componentes verbais e os NV&P, permitiram a identificação de três funções para os NV&P: (a) comunicação de atitudes e emoções por meio de sinais, mostrando que os não verbais eram mais eficientes que os verbais para isso; (b) sustentação da comunicação verbal no sentido de completar as elocuções verbais, controlar a sincronização verbal, obter realimentação, demonstrar atenção; (c) substituição da fala oralizada (por mímica, por exemplo). Em Del Prette e Del Prette (1999) foram acrescentadas duas outras funções: complementação da fala e contradição ao conteúdo oralizado.

Os estudos sobre comunicação não verbal, em particular os conduzidos por Argyle e colaboradores (Argyle, 1976; Argyle & Dean,

1965; Argyle, Alkema & Gilmour, 1993), permitem caracterizar tanto as dimensões topográficas dos componentes NV&P como também o seu impacto (função) sobre o comportamento social observável e sobre os processos cognitivos de cada pessoa na interação. O modelo das habilidades sociais, preconizado por Argyle (1967/1994), teria uma perspectiva mais ampla, não se limitando às teorias de percepção social, porém abrangendo os conceitos de papéis sociais, imitação, autoestima, recompensa e punição, entre outros.

Adicionalmente, as investigações de Argyle e colaboradores (Argyle & Henderson, 1993; Argyle, Furnham & Graham, 1981) sobre a influência das variáveis situacionais representaram um avanço na análise da determinação cultural das habilidades sociais. Não obstante apresentar forte ênfase na aprendizagem e na influência da cultura sobre os componentes NV&P, Argyle (1979) não ignorou a importância das características herdadas na filogenia do comportamento não verbal. Seus principais interesses estavam centrados na identificação de variáveis que atuam sobre as habilidades sociais, aí incluindo os componentes NV&P, a identificação de habilidades sociais exigidas em diferentes contextos e os processos de ensino-aprendizagem de comportamentos sociais.

2.2. A Teoria Social-Cognitiva de Bandura

No início de sua trajetória como pesquisador, Bandura teve formação em Análise do Comportamento, porém, a partir de meados da década de 60[5], desenvolveu um sistema explicativo cada vez mais cognitivista. Pajares e Olaz (2008) explicitam que a publicação de *Social Foundations of Thought and Action: A Social Cogni-*

---

5. Conforme Bandura (2008) deixa transparecer, a publicação que marca definitivamente sua ruptura com o behaviorismo radical é um capítulo de um livro de Berkowitz (Bandura, 1965). Nesse estudo, Bandura descreve a aprendizagem vicária como aquela cuja imitação independe do reforçamento ao modelo e ao observador, o que representou uma posição oposta à enfatizada pela abordagem skinneriana.

tive Theory, em 1986, representa a ampliação dos construtos de Bandura em torno de uma teoria denominada *Social-Cognitiva*.

Vários conceitos da Teoria Social-Cognitiva, mesmo os anteriores a essa época, como o de aprendizagem vicária, são aplicados ao campo das habilidades sociais (Ríos Saldaña, Del Prette & Del Prette, 2002) e, por extensão, à comunicação não verbal como, por exemplo, os de autorregulação e o de autoeficácia (Bandura, 1977). Para Bandura, a Teoria Social-Cognitiva supõe o indivíduo não governado exclusivamente por forças internas nem por estímulos externos. O funcionamento humano seria explicado por um modelo de reciprocidade triádica entre comportamento, fatores pessoais (cognitivos ou de outros tipos) e eventos ambientais, atuando interativamente como determinantes do desempenho.

Pode-se dividir a influência das contribuições de Bandura sobre a constituição e desenvolvimento do THS em dois períodos. O primeiro refere-se às descobertas e conceitos iniciais desse pesquisador e seu grupo a partir das investigações sobre aprendizagem vicária, que foram agrupados sob a denominação genérica de aprendizagem social. O segundo começou a se fortalecer recentemente (ver Capítulo 3, neste livro) com a formulação do modelo de reciprocidade triádica e o conceito de agência humana.

A aprendizagem social e a modelação

As contribuições dos estudos iniciais de Bandura[6] (1974, 1979, 1986) são reconhecidas como de grande relevância para a constituição da área do THS (Ríos Saldaña, Del Prette & Del Prette, 2002), com

---

6. A propósito da contribuição da teoria da aprendizagem social na constituição da área do THS, é interessante registrar a afirmação de Bandura (2008a, p. 18) que "o valor de uma teoria psicológica não é julgado apenas pelo seu poder explicativo e preditivo, mas por seu poder prático para promover mudanças no funcionamento humano". Sem dúvida, sua teoria contribuiu decisivamente para o desenvolvimento de métodos de avaliação e de promoção de habilidades sociais.

destaque para a teoria de aprendizagem social e os processos de modelação. Com base nos achados empíricos de laboratório e de campo, foi possível o desenvolvimento de diferentes procedimentos de avaliação e de promoção do comportamento social. Ainda que não se referindo especificamente aos componentes NV&P, e nem mesmo às habilidades sociais, as categorias conceituais desenvolvidas por Bandura permitem algumas inferências sobre a importância desses componentes na aprendizagem e desempenho de habilidades sociais.

O alcance explicativo da aprendizagem vicária é particularmente útil e econômico nos processos de ensino-aprendizagem de padrões relativamente complexos e sutis dos componentes NV&P, já que dispensa a descrição detalhada, requerida em outros processos de ensino. Na modalidade grupal do THS, pode-se ilustrar mais amplamente as possibilidades de uso desses conceitos. No contexto das sessões de treinamento em grupo, os participantes têm a oportunidade de observar diretamente tanto os desempenhos verbais como os NV&P apresentados pelos demais e, com isso, aprender, por processos e procedimentos de modelação, comportamentos novos para situações que consideram difíceis, já vivenciadas ou não. Vários procedimentos clínicos utilizados no THS (ver, por exemplo, Kazdin, 1979; McFall & Twentyman, 1978), tais como a modelação vicária direta (onde alguém é designado para atuar como modelo) ou encoberta (onde o participante em treinamento imagina o desempenho de um modelo ou a si próprio em ação) são derivados da teoria de aprendizagem social de Bandura.

A perspectiva da aprendizagem "vicária" indica a possibilidade de aquisição de comportamentos, independentemente de desempenho na situação de aprendizagem, e de reforçamento ao modelo ou ao observador. Em um experimento que se tornou bastante popular (Bandura, Ross & Ross, 1963)[7], crianças observaram em um

7. Para uma compreensão integrada desse experimento, na atual visão de Bandura, ver Costa (2008).

primeiro momento um filme que apresentava um personagem comportando-se de maneira agressiva. No segundo momento, essas crianças foram conduzidas a uma sala com brinquedos onde exibiram comportamentos semelhantes aos do personagem (modelo) do filme, agredindo os brinquedos e, portanto, imitando tanto os comportamentos verbais como os NV&P que haviam observado. No contexto dos NV&P, esse experimento traz várias questões de pesquisa, por exemplo, sob quais condições ocorreria maior frequência e intensidade de resposta agressiva (modelo apenas verbal, modelo somente não verbal ou modelo verbal/não verbal) ou, ainda, se a exposição ao modelo apenas verbal produz generalização para respostas agressivas não verbais.

Autorregulação e autoeficácia

O advento da Teoria Social-Cognitiva não invalidou a anterior, mas agregou novos conceitos com valor heurístico para o desenvolvimento do THS. Podem ser destacados os conceitos de autoeficácia e autorregulação por possibilitarem análises na perspectiva dos componentes NV&P.

Conforme Bandura (2008b), a autoeficácia pode ser entendida como a percepção que o indivíduo tem sobre suas próprias capacidades para ser bem-sucedido nas atividades que deve realizar. Inúmeras pesquisas (ver revisões de Pajares, 1996 e de Zimmerman, 1999) investigaram a autoeficácia em diferentes atividades, com resultados que apontam para o valor preditivo desse conceito. Crenças fortes de autoeficácia se correlacionam positivamente com o sucesso, ao contrário de crenças fracas (Pajares & Olaz, 2008). Ainda que Bandura não tenha abordado especificamente os componentes NV&P nesse caso, a crença de autoeficácia pode ser inferida, também, de componentes não verbais (como expressão facial, contato visual, postura, gestos etc.) e paralinguísticos (como entonação da voz, modulação, extensão da fala etc.). Por exemplo, em uma situação de entrevista de emprego, mesmo reconhecendo-se o peso de outras variáveis (conhecimentos técnicos, agilidade cognitiva, raciocínio para responder questões), a crença na autoeficácia pode ter uma forte relação com o bom desempenho, não apenas verbal, mas, sobretudo, nos componentes NV&P exibidos pelo candidato.

A autorregulação é definida como um processo de controle da pessoa, enquanto agente (em oposição à ideia externamente determinada), sobre seu pensamento, emoção, motivação e comportamento, e vem sendo pesquisada há várias décadas (Polydoro & Azzi, 2008). Ela parece funcionar como um processo de consolidação dos comportamentos aprendidos pela observação, evitando o mimetismo no caso dos NV&P. O mimetismo ocorre quando o indivíduo incorpora, em seu desempenho, aspectos aprendidos, irrelevantes para a funcionalidade desse desempenho. Por exemplo, em um programa de THS considerou-se importante ensinar aos adolescentes, entre outras habilidades, a de se apresentar. Para isso foi utilizada uma vivência denominada *Meu nome, seu nome* (Del Prette & Del Prette, 2005), que previa as fases típicas de um procedimento desse tipo: (a) instrução de observação ao(s) participante(s) (*Vocês devem observar e repetir o que eu faço, mas dizendo o nome de vocês*!); (b) desempenho de uma pessoa (modelo que se apresentava aos demais dizendo *Meu nome é...*); (c) desempenho(s) do(s) observador(es). Na situação relatada, ao dizer o próprio nome, o modelo levou as mãos à altura do tórax. Todas as crianças, uma a uma, inclusive a professora da sala, copiaram parte da fala (meu nome é), completando-a com o próprio nome e, igualmente, repetiram o gesto apresentado pelo modelo[8]. A presença ou ausência do gesto não era relevante para a funcionalidade da resposta e sua imitação poderia ser considerada um mimetismo. Segundo o

---

8. As sessões foram filmadas e posteriormente analisadas resultando em um vídeo documentário (disponível com os autores).

conceito de autorregulação, as crianças e a professora gradualmente poderiam exibir versões modificadas desse comportamento, atendo-se aos componentes funcionais e "livrando-se do mimetismo". O ajuste do comportamento poderia ocorrer, também via processo vicário, quando da observação de outros modelos.

A autorregulação, como conceito, não se refere exclusivamente à adaptação da pessoa às demandas das situações ambientais. O conceito abrange, igualmente, o uso deliberado de capacidades cognitivas como atenção, percepção e interpretação em cada situação particular para produzir os resultados valorizados. Adicionalmente, para o enfrentamento da situação, Bandura (1986) destaca a importância da motivação. O uso articulado da atenção, da percepção e da interpretação caracterizaria um processo mediacional entre o indivíduo (entendido como agente) e os estímulos sociais do ambiente. Conforme Bandura, esses conceitos estariam na base do processo de automonitoramento pelo qual o indivíduo age sobre si mesmo ao responder às diferentes demandas de sua vida social. Assim, é possível supor que tal processo exerça influência na decodificação da topografia dos comportamentos do outro, bem como na seleção e uso de diferentes tipos de respostas verbais e das NV&P, utilizadas para lidar de forma efetiva com essas demandas.

2.3. O modelo operante

A importância do THS na prática dos profissionais que adotam a abordagem da Análise do Comportamento é bastante reconhecida. Do mesmo modo, são valorizados, no THS, os conhecimentos advindos da Análise do Comportamento tanto para a avaliação funcional do repertório de habilidades sociais como para o planejamento dos procedimentos de intervenção derivados de princípios operantes (ver Capítulo 1). Entende-se que algumas outras contribuições potenciais (por exemplo, a análise das habilidades sociais sob a perspectiva dos processos de seleção filogenética, ontogenética e cultural) ainda não foram suficientemente exploradas.

O termo operante se aplica tanto ao princípio geral de que o comportamento opera sobre o ambiente produzindo consequências (que, por seu turno, afetam a probabilidade de sua recorrência futura) como sobre a própria noção de comportamento, enquanto relação entre uma classe de respostas e os antecedentes e consequentes associados a essa classe (Skinner, 1975). Essa definição se aplica a qualquer comportamento (exceto os respondentes), mas, considerando o tema dos NV&P, deve ser direcionada à análise do comportamento verbal. Trata-se de um comportamento modelado e mantido por consequências mediadas por um ouvinte, cuja reação ou resposta à estimulação do falante foi estabelecida por práticas culturais da comunidade verbal (Skinner, 1957/1978). Tal como qualquer outro comportamento, também o comportamento verbal é resultado de contingências filogenéticas, ontogenéticas e culturais (Glenn, 2004) e constitui um produto evolutivo particularmente crítico para o desenvolvimento das habilidades sociais e das práticas culturais em geral.

O comportamento verbal é aqui focalizado porque grande parte dos componentes NV&P das habilidades sociais é, na perspectiva da Análise do Comportamento, compreendida como *verbal*, só que não oralizados, não vocal (Baum, 2006, p. 142). Mesmo apresentando propriedades formais não sonoras, uma resposta pode ser parte de um *operante verbal* quando: (a) se caracteriza como um operante e não como reações reflexas, incondicionadas (que também podem se expressar por NV&P, por exemplo, uma expressão facial de medo, um grito de dor, dilatação pupilar etc.); (b) suas consequências são mediadas pela resposta de um ouvinte; (c) a resposta do ouvinte ao falante foi modelada por práticas culturais. Nessa abordagem, o fato de um comportamento produzir som ou ser caracterizado por gestos ou outros movimentos não é a base para a sua classificação como verbal ou não verbal. Por definição, o comportamento verbal pode incluir tanto a fala (oral, escrita, de sinais) como outros gestos e expressões motoras, com função similar à da fala oralizada (Skinner, 1957/1978), ou seja, os NV&P antes referidos. É nesse sentido que os NV&P (exceto respondentes) são considerados verbais na Análise do Comportamento.

Skinner (1957/1978) apresenta uma taxonomia de operantes verbais, diferenciando as classes com base nas relações de controle identificáveis entre os estímulos antecedentes, as características das respostas do organismo e dos produtos dessas respostas, em termos de similaridade formal e dos efeitos que produzem no comportamento do outro. De forma bastante simplificada, com base em Skinner (1957/1978), pode-se entender que: *ditado* e *cópia* são operantes definidos pela relação entre uma estimulação (auditiva ou visual, respectivamente), produzida por comportamento verbal de outrem, e uma resposta escrita que apresenta similaridade formal com esses estímulos; comportamento *ecoico* é uma classe de operante definida pela relação entre uma estimulação vocal auditiva e uma resposta ao estímulo auditivo antecedente, também com similaridade formal entre eles; *mando* é uma classe de operante que especifica seu reforço, associado às condições de estimulação aversiva ou de privação do falante, produzindo uma consequência que beneficia esse falante; *tato* é um operante mantido por reforço generalizado e controlado por estímulos discriminativos não verbais (objetos, eventos etc.); *intraverbal* é um conjunto de respostas verbais conectadas entre si, controladas por estímulo discriminativo visual ou auditivo, sem correspondência ponto a ponto com resposta que é controlada; *autoclíticos* são comportamentos verbais que alteram características (força, ênfase, sentido etc.) de outras porções de comportamento verbal.

Embora a definição de cada classe de operante verbal se fundamente nas relações de contingência entre a resposta do falante, seus antecedentes e as consequências que produzem no ambiente, as características topográficas desses eventos são também consideradas, por exemplo, na definição das classes de ditado, cópia, comportamento ecoico. Em outras palavras, as categorias de comportamento verbal propostas por Skinner possuem, também, uma sobreposição estrutural (Matos, 1991). Posição semelhante pode ser encontrada em outros autores, por exemplo, Bandini e De Rose (2006).

Tomando-se os itens de NV&P (Tabela 1) como operantes verbais, um gesto, por exemplo, dependendo de sua topografia e das contingências a ele associadas, pode ser classificado como uma instância de diferentes operantes verbais, tais como: (a) *mando*: um comensal chama a atenção do garçom por meio de gestos, e ele o atende; (b) *tato*: uma jovem gira o indicador, lateralmente à orelha, sinalizando que o amigo ao lado "ficou maluco"; (c) *intraverbal*: alguém reproduz um ditado popular por meio de mímica; (d) *autoclítico*: a filha imprime um tom de voz mais suave ao fazer uma crítica, diminuindo a probabilidade de uma resposta indesejável do pai; (e) *cópia*: a criança reproduz, com o dedo, a letra "a" que observa no texto à sua frente.

Ainda que as diferentes classes de habilidades sociais, definidas no campo do THS (ver, por exemplo, Del Prette & Del Prette, 2001; Falcone, 2001), não tenham como base os operantes verbais, quando se considera que estes são essencialmente comportamentos sociais, uma análise das relações entre os dois sistemas de classes pode ser particularmente interessante para discutir a questão dos NV&P no contexto do modelo operante. Sem pretender esgotar tal análise no momento, alguns aspectos são destacados a seguir.

De um lado, tendo como foco os operantes verbais, pode-se buscar suas possíveis correspondências com as classes de habilidades sociais. Por exemplo, grande parte dos comportamentos sociais classificados por Skinner como mandos seriam identificadas, no campo do THS, como habilidades sociais assertivas. A subclasse específica de assertividade na qual se enquadrariam dependeria criticamente da topografia dos NV&P em sua relação com as condições antecedentes e consequentes que suprem a privação do falante. Considerando esses ajustes, um mando poderia ser caracterizado como pedido, pergunta, reclamação, aviso, ordem etc., todos eles subclasses assertivas. Uma descrição muito clara das contingências que definem cada um desses tipos de mandos pode ser vista em Skinner (1957/1978) e em Bandini e De Rose (2006). Esses autores chamam a atenção para os operantes mistos e, de fato, na análise dos componentes de uma mesma classe de habilidades sociais, pode-se identificar diferentes operantes verbais. Tomando como base um exemplo dado por Bandini e De Rose, *Água, por favor*, que seria uma habilidade da classe assertividade (fazer pedidos), é acrescida de uma habilidade da classe civilidade (utilizar expressões de gentileza). Esse operante verbal (autoclítico) torna mais provável a obtenção da água, podendo-se supor, portanto, uma ampliação da competência social do falante nesse mando.

Em sentido oposto ao anterior, ou seja, partindo-se de uma classe de habilidades sociais para identificar seus operantes verbais, pode-se tomar como exemplo a empatia. Quando o falante expressa empatia (com tonalidade de voz condizente com a usada pela comunidade verbal) dizendo: *Vejo que você está triste com o ocorrido*, essa locução pode ser considerada como um misto de tato (o falante pode observar algum sinal não verbal de tristeza no ouvinte e generalizar para o comportamento encoberto de sentir-se triste, discriminação provida pela comunidade verbal) mais autoclítico (*Vejo que...*). Dependendo do contexto e do tipo de relacionamento entre falante e ouvinte, essa resposta poderia também se caracterizar como um mando (se a consequência reforçadora para o falante for o ouvinte ficar menos triste ou relatar o evento desagradável).

Outras possibilidades poderiam ainda ser exploradas, mas o importante a destacar, no momento, é que uma análise topográfica relacionada aos componentes NV&P não pode ser considerada incompatível e nem mesmo dispensável quando se efetua a análise funcional dos operantes verbais. Ao contrário, ambas estão sobrepostas e são indispensáveis na compreensão tanto dos operantes verbais como das habilidades sociais. Um maior investimento nesse tipo de análise poderia mostrar outras convergências (e divergências) possivelmente heurísticas na ampliação do diálogo entre o campo teórico-prático do THS e a análise do comportamento.

Em princípio, os NV&P podem, simplesmente, ser tomados como respostas não vocais que, enquanto componentes das habilidades sociais, contribuiriam para a competência social, conforme anteriormente definida, ou seja, aumentariam a probabilidade da consequência reforçadora liberada pelo ouvinte. No entanto, quando se considera que as classes de operantes verbais podem ser componentes de classes de habilidades sociais (e vice-versa), coloca-se a questão da correspondência ou falta de correspondência entre esses dois sistemas de classificação. Trata-se de uma análise ainda a ser feita que poderia contribuir para uma abordagem comportamental dos componentes NV&P das habilidades sociais e da competência social.

Não obstante a compreensão dos componentes NV&P como operantes verbais, a adoção dos termos tradicionais do campo do THS, pelo analista do comportamento, pode ser uma estratégia útil de interlocução objetivando maior intercâmbio com aqueles que adotam tal terminologia. De todo modo, é importante reconhecer que, em qualquer episódio interativo, as consequências atuam tanto sobre a fala oralizada como sobre os componentes não vocais e paralinguísticos (NV&P) dos comportamentos sociais. No contexto do THS, o terapeuta, sob o controle de objetivos específicos, "separa" essas respostas visando à modelagem de componentes de um padrão que apresente maior funcionalidade no ambiente do cliente.

3. Funcionalidade e topografia dos não verbais e paralinguísticos

As principais teorias cognitivas do campo do THS parecem não rejeitar nem propor uma nomenclatura alternativa para os termos consagrados no campo da comunicação não verbal, especificamente no caso dos componentes NV&P. Pode-se supor, mesmo, uma aceitação dos termos empregados no modelo de Argyle ou, pelo menos, nenhuma incompatibilidade com a noção de "comportamento não verbal". A maior parte dessas abordagens não desconsidera as leis do condicionamento clássico nem o impacto das consequências (modelo operante) na aquisição do comportamento social, porém advoga processos mediacionais entre a estimulação do ambiente (inclusive interno) e a resposta do indivíduo.

Com base na exposição anterior dos modelos, questiona-se a dicotomia entre topografia e funcionalidade. Por um lado, tem-se o investimento das abordagens cognitivistas e sociocognitivistas em buscar relações funcionais entre os diferentes componentes NV&P e destes com outras variáveis, particularmente com os processos cognitivos e com a qualidade/efetividade da interação. Por outro lado, não se pode ignorar a base estrutural da definição dos operantes verbais e o efeito das variações topográficas sobre a efetividade das respostas verbais do falante (Bandini & De Rose, 2006). Assim, pode-se afirmar que os dois enfoques diferem quanto à ênfase na topografia ou na função e quanto ao tipo particular de funcionalidade enfatizado: o enfoque cognitivista centra-se na funcionalidade em sentido lato, ou seja, na busca de relações do comportamento com outras variáveis, em particular as variáveis da pessoa (processos cognitivos, afetivos e motivacionais); o modelo operante centra-se na análise das relações contingentes entre respostas e seus antecedentes e consequentes ambientais, direta ou indiretamente observáveis, explicando essas relações em termos de processos de seleção natural, ontogenética e cultural.

A partir dessas considerações, é possível destacar a importância da complementaridade entre propriedades topográficas e funcionais do desempenho social em geral, e das habilidades sociais em particular, mesmo reconhecendo-se que essas propriedades não são tratadas da mesma forma pelos diferentes modelos conceituais. A diferenciação da abordagem comportamental no exame dos NV&P retoma, portanto, apenas superficialmente, a clássica oposição funcionalidade *versus* topografia – ou função *versus* estrutura – uma vez que, no THS, a topografia do comportamento social (vocal e não vocal) não é uma mera questão de forma: ela é considerada em seu impacto (função) sobre a qualidade e efetividade da interação social, o que está na base da própria definição de competência social.

3.1. A questão cultural

A análise da importância e da funcionalidade dos componentes NV&P remete tanto a variáveis proximais, em termos de características dos interlocutores (Mija & cols., 1992), da situação e do contexto imediato, como a variáveis distais, em termos de normas e regras sociais/culturais do contexto onde a interação ocorre (Leach, 1979). Essa posição é assumida pelas diferentes abordagens apresentadas resumidamente neste capítulo. No caso da perspectiva comportamental, cabe salientar um investimento crescente na explicação de práticas culturais sob a ótica dos conceitos de macro e metacontingências (Andery, Micheletto & Sério, 2005; Glenn, 2004).

Efetivamente, a cultura é de grande importância também na análise dos componentes NV&P das habilidades sociais, estas entendidas como culturalmente determinadas. Isso significa que, ao lado de componentes NV&P bastante similares, com funções quase idênticas em diferentes culturas (podendo-se, aqui, inferir o peso da seleção natural, filogenética), há componentes diferentes com funções similares. Por exemplo, observa-se, principalmente na cultura ocidental, que as pessoas sorriem, movimentam os braços, expandem o corpo e se tornam loquazes, traduzindo-se esses comportamentos como manifestação de alegria. Por outro lado, o choro, diminuição nos movimentos, encolhimento do corpo, fala repetida (simplificada) e respostas monossilábicas são tidos como expressão de tristeza.

Além disso, comportamentos de uma mesma classe com funções semelhantes podem apresentar componentes NV&P bastante diferenciados, modelados pelas variáveis culturais. Esse parece ser o caso do ritual do cumprimento. Na maior parte do Ocidente, o cumprimento quase sempre envolve o aperto de mãos, o abraço e o beijo, enquanto que em alguns lugares do Oriente, por exemplo, no Japão, as pessoas se movimentam em sentido giratório para ambos os lados, ao mesmo tempo em que inclinam várias vezes o tronco. Tanto no Oriente quanto no Ocidente, a maior expressividade e demora no ritual do cumprimento são indicadores de mais satisfação pelo encontro. Na Rússia, o cumprimento entre os homens se caracteriza pela troca do beijo, algo incomum em alguns outros países europeus.

Outro aspecto a ser lembrado é a função de gestos específicos em diferentes culturas, um requisito importante para adaptações interculturais que contribui para se evitar generalizações indevidas e constrangimentos indesejáveis. O significado cultural dos gestos tem grande importância nas relações internacionais, funcionando não apenas como chave básica de protocolos sociais, mas também como elemento agregador de contatos entre chefes de estados e membros de comitivas e grupos-tarefa. Autoridades que visitam e que recepcionam são instruídas nos componentes NV&P, por exemplo, tipos de toque, posturas, quantidade e forma de contato visual, limites de proximidade, de riso etc. Um cuidado a ser ressaltado é o das interpretações simplistas que associam características de personalidade à presença ou ausência de certos gestos e posturas, como associar um tipo de postura, por exemplo, tórax estufado e cabeça erguida, a uma característica pessoal como a capacidade de tomar decisões.

4. Implicações na avaliação e promoção dos não verbais e paralinguísticos

As questões ligadas à função *versus* topografia dos NV&P apresentam implicações para a prática do psicólogo. Tanto na avaliação como na promoção de habilidades sociais é importante considerar a complementaridade dessa análise. Por outro lado, tem-se também a questão do diagnóstico clínico, que inclui os NV&P como parte dos sintomas para o diagnóstico diferencial. Esses aspectos são considerados nesta seção.

4.1. A avaliação dos não verbais e paralinguísticos

Na avaliação da competência social, é fundamental identificar os componentes NV&P (análise topográfica) e também o impacto (funcionalidade) de pequenas alterações de topografia sobre a interação social. A topografia pode alterar a classe ou subclasse da habilidade social em que o desempenho se enquadra (por exemplo, a diferença entre pedir e ordenar), bem como a efetividade dessa classe ou subclasse (por exemplo, há formas mais efetivas de se fazer um pedido ou de dar uma ordem). Reconhecer e regular os NV&P associados a determinadas classes de habilidades sociais pode ampliar a competência social do indivíduo para lidar com as demandas de uma dada situação.

A topografia e a consequência estão geralmente associadas, mas não se trata de uma correlação perfeita[9]. Tomando o exemplo de ordenar, a entonação e outros aspectos topográficos (por exemplo, uso de determinados gestos e termos) caracterizam um padrão de NV&P que está associado, em nossa cultura, à classe ordenar. No entanto, pode-se imaginar um chefe autoritário que dá ordens com entonação de pedido, mas pune severamente quem não as cumpre. Nesse caso, mais do que a topografia, a ordem é caracterizada pela relação funcional já estabelecida entre a ameaça implícita do chefe (punir os que não obedecem) e o comportamento de seus liderados (obedecer para remover ameaça de punição). Em sentido

---

9. A observação e o exemplo são derivados de comentário do colega Julio de Rose, quando da leitura deste capítulo.

oposto, pessoas que fazem pedidos com entonação e topografia de ordem podem não obter as consequências esperadas ou até mesmo serem punidas. Aqui, a topografia parece ser mais crítica, indicando inclusive necessidade de orientação ou treinamento quanto aos NV&P culturalmente associados a essas duas habilidades.

Em resumo, não basta identificar os componentes NV&P. É igualmente importante reconhecer a relevância funcional desses componentes, sob diferentes determinantes contextuais e culturais. A acurácia da observação, uma habilidade essencial na prática do psicólogo, é particularmente crítica na análise dos componentes NV&P. Como forma de se evitar equívocos em interpretações apressadas, algumas regras simples (critérios) podem ampliar a validade e a confiabilidade da observação e das interpretações dela decorrentes.

1. Identificar a relevância funcional dos NV&P. Identificar a função significa observar a relação entre o comportamento, seus antecedentes imediatos e seus efeitos ou consequências. Adicionalmente, um dado importante é a descrição da topografia da resposta. Por exemplo, ao dar uma ordem, a ênfase em alguns termos (*Quero que você faça isso*), pode auxiliar a identificação de componentes NV&P críticos para a produção das consequências esperadas em termos da resposta do interlocutor.

2. Dar importância ao contexto. Esse item complementa o anterior. A observação dos componentes NV&P e das contingências mais imediatas deve considerar também a situação mais geral em que eles ocorrem. Por exemplo, o comportamento de coçar ligeiramente a cabeça pode não significar dúvida se a pessoa não está diante de uma situação-problema.

3. Avaliar a coerência/incoerência. As alterações fisiológicas próprias de diferentes respostas emocionais podem ser inferidas observando-se os NV&P, que são mais difíceis de controlar do que o conteúdo oralizado (fala). Como uma parte dos componentes NV&P é composta de reações emocionais (com menor controle por parte do falante), é fundamental observar sua coerência/incoerência com as ideias e valores, explicitamente verbalizados, e as demandas da situação. Na maioria das vezes, os componentes NV&P estão coerentes com a fala, podendo completá-la, ilustrá-la ou servir-lhe de apoio; no entanto, também podem negar ou contradizer a fala (Del Prette & Del Prette, 1999). Por exemplo, uma pessoa pode afirmar que está tudo bem consigo e simultaneamente apresentar sinais de tristeza e desânimo em seu rosto.

4. Estabelecer índices de medidas. A relevância funcional dos NV&P pode ser avaliada ou inferida com base em diferentes indicadores. A frequência é usualmente tomada como medida. Uma alta frequência de alguns comportamentos NV&P pode fornecer pistas para uma compreensão mais completa da situação do outro. Por exemplo, se ao relatar coisas que fez em outra situação (escola), uma criança frequentemente leva rapidamente a mão à boca, simulando tapá-la, esse gesto pode ser visto como uma pista para se investigar um possível receio de revelar coisas que considera segredo, mas que gostaria de partilhar. Além da frequência, outros índices podem ser utilizados para completar a análise, tais como a intensidade e a velocidade da resposta. No caso de intensidade, por exemplo, uma ordem do tipo: *"Pare com isso, agora"*, em voz baixa e pausada, pode ser mais efetiva do que em alto volume de voz. No caso da velocidade, um gesto de negação, movendo lentamente o indicador, pode ser considerado hesitante, enquanto outro, com movimentos rápidos e repetitivos, pode ser mais convincente.

5. Identificar respostas associadas. São grupos de respostas com ocorrências simultâneas ou sequenciais. No exemplo anterior, ao levar a mão à boca, a criança pode também morder ligeiramente os lábios, ficar corada e desviar os olhos evitando o contato visual. Essas respostas deveriam ser consideradas em seu conjunto, para se inferir, com maior probabilidade de acerto, as pistas a serem investigadas.

Alguns aspectos dos NV&P podem ser avaliados por meio de instrumentos de autorrelato. Por exemplo, pode-se perguntar para o cliente quão frequentemente e em que situações apresenta determinados componentes NV&P. No entanto, a forma mais precisa e válida seria a observação direta nas situações naturais de interação, o que pode ocorrer inclusive nas primeiras sessões de atendimento, em relação às demandas específicas dessa tarefa social (inserção em novo grupo, lidar com pessoas desconhecidas, estabelecer conversação ou contato). Em programas de THS, é comum a avaliação continuada, tanto no contexto das sessões de atendimento quanto por meio de situações estruturadas especialmente para a observação e registro de comportamentos sociais. Uma alternativa bastante importante é a dos Cenários Comportamentais (ver Capítulo 5).

4.2. Não verbais e paralinguísticos no diagnóstico psicológico

A análise dos NV&P implica considerar tanto os padrões de desempenho social, culturalmente estabelecidos, coerentes com os do grupo social de referência, como, concomitantemente, as idiossincrasias (discrepâncias) que podem estar associadas a transtornos psicológicos e, portanto, indicar necessidades de atendimento. No atendimento terapêutico, a caracterização dos NV&P (déficits e excessos comportamentais, indicadores de autoeficácia e autorregulação, coerência entre relato e desempenho) pode trazer informações relevantes para o diagnóstico, tanto o diferencial como o funcional, norteando o planejamento de programas de atendimento.

É interessante registrar que os manuais de Psicoterapia Cognitivo-Comportamental (por exemplo, Caballo, 2003; Kazdin, 2000, 2003; Rangé, 2001), em geral não trazem seções específicas sobre os NV&P, mas deixam implícita a importância desses componentes na avaliação diagnóstica de muitos transtornos, como autismo, depressão, síndrome de Asperger etc. Algumas categorias do tipo mania (aumento de atividades), agitação (movimentos excessivos), compulsão obsessiva (comportamentos rituais repetidos em uma sequência) e certos tiques (alisar ou enrolar os cabelos, tocar na sobrancelha, coçar a palma da mão), são predominantemente NV&P e a caracterização desses componentes é essencial para o diagnóstico diferencial.

Essa premissa fica mais evidente considerando que o DSM-IV (First, Francês & Pincus, 2000) traz descrições de NV&P como componentes críticos para a distinção categórica. No caso do autismo infantil, por exemplo, há uma lista de comportamentos NV&P, tais como expressão facial vaga, evitação de contato visual, maneirismos motores, choro inconsolável, riso sem motivo aparente, movimentos repetidos com as mãos (*flapping*), balanço do tronco (*rocking*), que são relevantes para o diagnóstico. Quase que em caráter complementar, mas nem por isso menos importante, o DSM relaciona também uma topografia típica da fala autista: estereotipada, repetitiva, com timbre, ritmo, entonação e velocidade "anormais". Alguns desses NV&P aparecem em outras classificações de transtornos, mas, para o diagnóstico diferencial, deveria ser considerada a análise do conjunto de componentes, sua prevalência sobre outros comportamentos do repertório do indivíduo em termos de frequência, magnitude e função, e, ainda, as características da história prévia da interação do indivíduo com o ambiente. Em outras palavras, padrões de NV&P podem ocorrer, com maior intensidade e frequência, diante de alguns antecedentes e não de outros. Além disso, tais padrões podem obter consequências reforçadoras do ambiente. Esses aspectos chamam a atenção para a necessidade da identificação da relação tríplice de contingências, sob a ótica da Análise do Comportamento.

Vários tipos de problemas psicológicos e psiquiátricos incluem também mudanças na regulação da fala. Por exemplo, o uso de substâncias psicoativas pode produzir alterações do humor que se expressam também na topografia da fala, tanto no sentido da lentidão, com longos intervalos entre frases e até entre palavras como, inversamente, no sentido de sua aceleração. É comum o aparecimento da fala desorganizada: fuga de ideias ou longas latências, mudanças recorrentes de assunto, dificuldade de coerência no conteúdo (ver o DSM-IV, p. 68-69). Também nos Transtornos Bipolares I e II pode aparecer excesso de velocidade da fala ou a morosidade. O Transtorno Bipolar I (cf. o DSM-IV, p. 76) consiste, respectivamente, de um ou mais Episódios Maníacos ou Mistos e um ou mais Episódios Depressivos Maiores. O Transtorno Bipolar II consiste de um ou mais Episódios Depressivos Maiores com Episódios Hipomaníacos intercorrentes.

Um outro transtorno clínico que possui forte componente relacionado à fala e à sua topografia é a depressão. Isso não significa tomar o termo depressão como entidade causal, mas como um resumo de algumas características comportamentais dessa categoria diagnóstica. Nesse caso, pode-se observar mutismo prolongado, fala com tonalidade baixa, monocórdica, hesitante e conversação pobre. Tais características se associam à dificuldade de estabelecer amizade, bem como a comportamentos de fuga ou esquiva diante de demandas sociais. Conforme Lewinsohn, Gotub e Hautzinger (2003), a terapia de habilidades sociais seria indicada para indivíduos deprimidos, particularmente focalizando-se em três classes de habilidades: (a) asserção positiva; (b) asserção negativa; (c) habilidades de conversação. A aquisição e aperfeiçoamento dessas habilidades, que dependem, criticamente, dos NV&P, é reconhecida como um coadjuvante indispensável do sucesso do tratamento desse transtorno.

5. Considerações finais

Ainda que alguns pesquisadores (Kendon, 1983; Knapp & Hall, 1999) tenham defendido a comunicação como uma unidade indissociável entre o verbal e o não verbal, tradicionalmente a divisão entre esses dois aspectos vem prevalecendo. É possível supor que a aceitação dessa divisão tenha ocorrido porque as pesquisas apontam diferenças na compreensão da mensagem em relação ao canal utilizado: o "canal" não verbal tem se mostrado empiricamente mais eficaz do que o verbal (Argyle 1967/1994; Hargie, Saunders & Dickson, 1994).

Considerando a diferença de terminologia adotada pelas abordagens comportamentais e cognitivas referidas neste capítulo, cabe lembrar que o critério de rejeição de um termo não é sua origem, mas a "implicação de um sistema ou de uma formulação que se estenda além das observações imediatas" (Skinner, 1975, p. 22). Essa posição é aqui relembrada para justificar a adoção do termo *não verbal* no contexto do THS. Embora associado a características de forma, topográficas (gestos, mímica, sinais, expressões faciais e corporais etc.), sua função no desempenho social e, portanto, nas habilidades sociais e na competência social, é tão proeminente que não pode ser tratada apenas em sua dimensão estrutural. Uma outra justificativa é o uso generalizado dos termos *verbal* e *não verbal* em ciências como Semiótica, Linguística e Antropologia Cultural, com ressonância em uma área de investigação cujo *corpus* de conhecimento remete, historicamente, tanto a Wundt (1973) como a Darwin (2000), com longa tradição investigativa em proximidade com a Psicologia (Argyle, 1975; Ekman, 2004, 2005; Feldman, 1991; Poyatos, 1983; Rosenthal, 1985; Scherer, 1984, entre outros).

Conforme apresentado nas seções anteriores, os componentes NV&P têm sido objeto de análises topográficas e funcionais. Os dois aspectos estão presentes tanto nas abordagens cognitivistas como nas comportamentais, ainda que a ênfase na funcionalidade *versus* topografia, bem como o tipo de função atribuída aos NV&P, marquem importantes diferenças entre elas.

A posição dos teóricos comportamentalistas (ver entre outros Baum, 2006; Catania, 1999[10]) não deixa dúvida quando a uma compreensão diferente do termo não verbal em relação à posição das demais abordagens, porém observa-se, desde as primeiras publicações teóricas e relatos de intervenções, o uso frequente desse termo e sua inclusão em programas de treinamento, sob uma abordagem comportamental, como pode ser verificado em Alberti e Emmons (1986)[11]. Também outros, entre os quais Wolpe (1976), utilizaram essa nomenclatura (não verbal e especificidades topográficas da fala) em relatos de atendimento. Posteriormente, novos estudos, tanto na perspectiva da análise do comportamento quanto na cognitivo-comportamental, adotaram os termos não verbal e comunicação não verbal de acordo com a nomenclatura preconizada por Argyle (como exemplo, McFall, Winneth, Bordewick & Bornstein, 1982; Michelson, Sugai, Wood & Kazdin, 1983; Mize & Ladd, 1990).

Reconhecer que os NV&P não são tratados da mesma forma pelas abordagens conceituais constituintes do modelo das habilidades sociais de certo modo revela a falta de uma teoria geral integradora dessa área (Trower, 1995). Entende-se, no entanto que, em relação a esses componentes, explicitar as diferenças e evidenciar as interfaces entre as abordagens que constituem o THS podem contribuir para uma análise crítica e coerente sob cada uma delas.

Os estudos sobre os componentes NV&P vêm despertando interesse crescente em várias disciplinas e áreas de conhecimento.

---

10. Ver principalmente o capítulo 14 (p. 253), onde Catania (1999) explicita que "o termo verbal é um termo genérico e aplica-se à linguagem em qualquer modalidade" e o considera "distinguido do vocal, que é específico para a linguagem falada".

11. O leitor poderá encontrar no capítulo 6 (p. 41) do livro *Your Perfect Right* a inclusão dos componentes não verbais. Textualmente os autores afirmam que "muitas pessoas veem a assertividade como um comportamento verbal [...] nos achamos que como você expressa uma mensagem assertiva é bem mais importante do que o que você diz".

Conforme Feldman (1992, vii), o campo do não verbal é "um dos mais importantes movimentos de investigação das últimas décadas". Considerando o interesse crescente sobre modelo teórico-prático das habilidades sociais (Argyle, 1967/1994; Del Prette & Del Prette, 2001; 2005; Gresham, 1998), pode-se supor que o interesse sobre esses componentes deverá crescer, com estudos orientados por diferentes disciplinas científicas, podendo-se prever contribuições importantes para a pesquisa e a prática.

6. Referências

Abib, J.A.D. (1997). *Teorias do comportamento e subjetividade na Psicologia.* São Carlos: Editora da UFSCar.

Alberti, R.E. & Emmons, M.L. (1989). *Your perfect right: A Guide to assertive living.* San Luís Obispo (CA): Impact Publishers.

Andery, M.A.P.A., Micheletto, N. & Sério, T.M. de A.P. (2005). A análise de fenômenos sociais: Esboçando uma proposta para a identificação de contingências entrelaçadas e metacontingências. *Revista Brasileira de Análise do Comportamento, 1*, 149-165.

Argyle, M. (1975). *Bodily communication.* London: Methuen.

Argyle, M. (1976). *Gaze and mutual gaze.* New York: Cambridge University Press.

Argyle, M. (1979). Non-verbal communication in human social interaction. In R.A. Hinde (Org.), *Non-verbal communication* (pp. 233-269). London: Cambridge University Press.

Argyle, M. (1993). The experimental study of the basic features of situations. In M. Argyle (Ed.), *Experiments in social interaction* (pp. 139-162). Aldershot (EN): Dermouth Publishing Company Limited.

Argyle, M. (1994). *Psicología del comportamiento interpersonal.* Madrid: Alianza Universidad (Original publicado em 1967).

Argyle, M. & Dean, J. (1965). Eye contact, distance and affiliation. *Sociometry, 28*, 289-304.

Argyle, M. & Henderson, M. (1993). The rules of relationships. In M. Argyle (Ed.), *Experiments in social interaction* (pp. 115-138). Aldershot (EN): Dermouth Publishing Company Limited.

Argyle, M. & Kendon, A. (1967). The experimental analysis of social performance. *Advances in Experimental Social Psychology, 3*, 55-98.

Argyle, M., Alkema, F. & Gilmour, R. (1993). The communication of friendly and hostile attitudes by verbal and non-verbal signals. In M. Argyle (Ed.), *Experiments in social interaction* (pp. 19-38). Aldershot (EN): Dermouth Publishing Company Limited.

Argyle, M., Furnham, A. & Graham, J.A. (1981). *Social situations.* Cambridge: Cambridge University Press.

Bandini, C.S. & De Rose, J.C.C. (2006). *A abordagem behaviorista do comportamento novo*. Santo André: ESETec.

Bandura, A. (1965). Vicarious processes: a case of no-trial learning. In L. Berkowitz (Ed.), *Advances in experimental social psychology* (pp. 1-55). New York: Academic Press.

Bandura, A. (1977). Self-efficacy: Toward a unifying theory of behavioral change. *Psychological Review*, 84, 191-215.

Bandura, A. (1979). *Modificação do comportamento*. Rio de Janeiro: Interamericana.

Bandura, A. (1986). *Social Foundations of thought and action: A social cognitive theory*. Englewood Cliffs: Prentice Hall.

Bandura, A. (2008a). A evolução da Teoria Social-Cognitiva. In A. Bandura, R.G. Azzi & S. Polydoro (Orgs.), *Teoria Social-Cognitiva: Conceitos básicos* (pp. 15-41). Porto Alegre: Artmed.

Bandura, A. (2008b). A Teoria Social-Cognitiva na perspectiva da agência. In A. Bandura, R.G. Azzi & S. Polydoro (Orgs.), *Teoria Social-Cognitiva: Conceitos básicos* (pp. 69-96). Porto Alegre: Artmed.

Bandura, A. & Walters, R.H. (1974). *Aprendizaje social y desarrollo de la personalidad*. Madrid: Alianza Editorial.

Bandura, A., Ross, D. & Ross, S. (1963). Imitation of film-mediated aggressive models. *Journal of Abnormal Social Psychology*, 66, 3-11.

Baum, W.M. (2006). *Compreender o behaviorismo: Comportamento, cultura e evolução*. Porto Alegre: Artmed.

Caballo, V.E. (1993). *Manual de evaluación y entrenamiento de las habilidades sociales*. Madrid: Siglo XXI.

Caballo,V.E (Org.) (2003). *Manual para tratamento cognitivo-comportamental dos transtornos psicológicos*. São Paulo: Santos.

Catania, A.C. (1999). *Aprendizagem: Comportamento, linguagem e cognição*. Porto Alegre: Artmed.

Costa, A.E.B. (2008). Modelação. In A. Bandura, R.G. Azzi & S. Polydoro (Orgs.). *Teoria Social-Cognitiva: Conceitos básicos* (pp. 123-148). Porto Alegre: Artmed.

Cox, R.D. & Schopler, E. (1995). Treinamento de habilidades sociais para crianças. In M. Lewis (Org.), *Tratado de psiquiatria da infância e adolescência* (pp. 916-922). Porto Alegre: Artes Médicas.

Darwin, C. (1965/2000). *A expressão das emoções no homem e nos animais*. São Paulo: Companhia das Letras.

Del Prette, A. & Del Prette, Z.A.P. (2001). *Psicologia das relações interpessoais e habilidades sociais: Vivências para o trabalho em grupo*. Petrópolis: Vozes.

Del Prette, A. & Del Prette, Z.A.P. (2009). Adolescência e fatores de risco: A importância das habilidades sociais educativas. In V.G. Haase & F.J. Penna (Orgs.), *Aspectos biopsicossociais da saúde na infância e adolescência* (pp. 503-522). Belo Horizonte: Coopmed.

Del Prette, A. & Pereira, C.S. (2008). Procedimentos de observação em situações estruturadas para avaliação de habilidades sociais profissionais de adolescentes. *Psicolog, 1*, 55-67.

Del Prette, Z.A.P. & Del Prette, A. (1996). Habilidades sociais: Uma área em desenvolvimento. *Psicologia, Reflexão e Crítica, 9*, 233-255.

Del Prette, Z.A.P. & Del Prette, A. (1999). *Psicologia das habilidades sociais: terapia e educação*. Petrópolis: Vozes.

Del Prette, Z.A.P. & Del Prette, A. (2000). Treinamento em Habilidades Sociais: Panorama geral da área. In V.G. Haase, R. Rothe-Nevas, C. Käpler, M.L.M. Teodoro & G.M.O. Wood (Orgs), *Psicologia do desenvolvimento: Contribuições interdisciplinares* (pp. 261-264). Belo Horizonte: Health.

Del Prette, Z.A.P. & Del Prette, A. (2005). *Psicologia das habilidades sociais na infância: Teoria e prática*. Petrópolis: Vozes.

Ekman, P. (2005). *Cómo detectar mentiras*. Barcelona: Paidós.

Ekman, P. (2004). *Emotions revealed*. New York: Henry Holt.

Ellis, A. (1993). Changing Rational-Emotive therapy (RET) to Rational Emotive Behavior Therapy (REBT). *Behavior Therapist, 16*(10), 257-258.

Falcone, E.O. (2001). Uma proposta de um sistema de classificação das habilidades sociais. In H.J. Guilhardi, M.B.B.P. Padi, P.P. Queiroz & M.C. Scoz (Orgs.), *Sobre comportamento e cognição: Expondo a variabilidade* (pp. 195-209). Santo André: ESETec.

Feldman, R.S. (1992). *Applications of nonverbal behavioral: Theories and research*. Hillsdale, New Jersey: Lawrence Erlbaum Associates Publishers.

First, M.B., Frances, A. & Pincus, H.A. (2000). *Manual de Diagnóstico Diferencial do DSM-IV*. Porto Alegre: Artmed.

Glenn, S.S. (2004). Individual change, culture, and social change. *Behavior Analyst, 27*, 133-151.

Hargie, O., Saunders, C. & Dickson, D. (1994). *Social skills in interpersonal communication*. New York: Routledge.

Hinde, R.A. (Org.), (1979). *Non-verbal communication*. London: Cambridge University Press.

Kazdin, A.E. (2003). *Psychotherapy for children and adolescents: Directions for research and practice*. New York: Oxford University Press.

Kendon, A. (1983). Gesture and Speech: How they interact. In J.M. Wiemann & R.P. Harrison (Eds.). *Nonverbal interaction* (pp 21-45). Beverly Hills (CA): Sage.

Knapp, M.L. & Hall, J.A. (1999). *Comunicação não verbal na interação humana*. São Paulo: JSN.

Ladd, W.G. & Mize, J. (1983). A cognitive-social learning model of social skills training. *Psychological Review, 90*, 127-157.

Leach, E. (1979). The influence of cultural context on non-verbal communication in man. In R.A. Hinde (Org.), Non-verbal communication (pp. 314-347). London: Cambridge University Press.

Lewinsohn, P.M., Gotub, I.H. & Hautzinger, M. (2003). Tratamento da depressão unipolar. In V.E. Caballo (Org.), *Manual para o tratamento cognitivo-comportamental dos transtornos psicológicos* (pp. 473-521). São Paulo: Santos.

Matos, M.A. (1991). As categorias formais de comportamento verbal em Skinner (pp. 333-341). *Anais da XXI Reunião Anual da Sociedade de Psicologia.* Ribeirão Preto.

McFall, R.M. (1982). A review and reformulation of the concept of social skills. *Behavioral Assessment*, *4*, 1-33.

McFall, R.M. & Twentyman, C.T. (1978). Four experiments on the relative contributions of rehearsal, modeling and coaching to assertion training. *Journal of Abnormal Psychology*, *77,* 313-323.

McFall, R.M.; Winnett, R.L., Bordewick, M.C. & Bornstein, P.H. (1982). Nonverbal components in the communication of assertiveness. *Behavior Modification, 6*, 121-140.

Michelson, L., Sugai, D.P., Wood, R.P. & Kazdin, A.E. (1983). *Social skills assessment and training with children*. New York: Plenum Press.

Mija, E.L., Matsumoto, D., Kobayashi, M., Krupp, D. Maniatis, E.F. & Roberts, W. (1992). Cultural influences on nonverbal behavior. In R. Feldman (Org.), *Applications of nonverbal behavioral: Theories and research* (pp. 239-262). Hillsdale: New Jersey: LEA.

Mize, J. & Ladd, G.W. (1990). A cognitive-social learning approach to social skills training with low-status preschool children. *Developmental Psychology, 26*, 308-397.

Pajares, F. (1996). Self-efficacy believes in academic setting. *Review of Educational Research, 66*, 543-578.

Pajares, F. & Olaz, F. (2008). Teoria cognitiva e autoeficácia: Uma visão geral. In A. Bandura, R.G. Azzi & S.A.J. Polydoro (Orgs.), *Teoria Social-Cognitiva: Conceitos básicos* (pp. 97-114). Porto Alegre: Artmed.

Polydoro, S.A.J;. & Azzi, R.G. (2008). Autorregulação: Aspectos introdutórios. In A. Bandura, R. Azzi & S.A.J. Polydoro (Orgs.), *Teoria Social-Cognitiva: Conceitos básicos* (pp. 149-163). Porto Alegre: Artmed.

Poyatos, F. (1983). *New perspectives in nonverbal communication: Studies in Cultural Anthropology, Social Psychology, Linguistics, Literature and Semiotics*. New York: Pergamon Press.

Rangé, B. (Org.) (2001). *Psicoterapias cognitivo-comportamentais*. Porto Alegre: Artmed.

Rosenthal, R. (1985). Nonverbal cues in the mediation of interpersonal expectancy effects. In A.W. Siegman & S. Feldstein (Eds.), *Multichannel integrations of nonverbal behavior* (pp. 105-128). Hillsdale, NJ: Lawrence Erlbaum Associates.

Ríos Saldaña, M.R., Del Prette, A. & Del Prette, Z.A.P. (2002). A importância da teoria da aprendizagem social na constituição da área do Treinamento de Habilidades Sociais. In H.J. Guilhardi, M.B.B.P. Padi, P.P. Queiroz & M.C. Scoz (Orgs.), *Comportamento e Cognição: Contribuições para a construção da teoria do comportamento* (v. 9, pp. 269-283). Santo André: ESETec.

Scherer, K.R. (1986). Vocal affect expression: A review and model for future research. *Psychological Bulletin, 99*, 143-165.

Scherer, K.R. (1984). On the nature and function of emotion: A component process approach. In K.R. Scherer & P. Ekman (Eds.), *Approaches to emotion* (pp. 293-317). Hillsdale, NJ: Erlbaum.

Skinner, B.F. (1975). *La conducta de los organismos: Uma análise experimental*. Barcelona: Fontenelli.

Skinner, B.F. (1978). *Comportamento verbal*. São Paulo: Cultrix/Edusp (Original publicado em 1957).

Skinner, B.F. (1989). The origins of cognitive thought. *American Psychologist, 44*, 13, 253-291.

Thibaut, J.W. & Kelley, H.H. (1959). *The Social Psychology of groups*. New York: Wiley.

Trower, P. (1980). Situational analysis of the components and processes of behavior of socially skilled and unskilled patients. *Journal of Consulting and Clinical Psychology, 48*, 327-339.

Trower, P. (1995). Adult social skills: State of the art and future directions. In W. O'Donohue & L. Krasner (Eds.), *Handbook of psychological skills training: Clinical techniques and applications* (pp. 54-80). New York: Allyn and Bacon.

Wundt, W. (1973). *The language of gesture*. The Hague: Monton.

Zimmerman, B.J. (1999). Self-efficacy: An essential motive to learn. *Contemporary Educational Psychology, 25*, 82-91.

Capítulo 5

Avaliação de habilidades sociais: bases conceituais, instrumentos e procedimentos

Zilda A.P. Del Prette
Almir Del Prette

Os capítulos anteriores fizeram referência à avaliação das habilidades sociais com diferentes níveis de detalhamento. Todavia, esse tema é aqui retomado com três objetivos principais: (1) destacar a importância da avaliação na tomada de decisões pertinentes à pesquisa e à intervenção sobre Habilidades Sociais (THS); (2) explicitar a vinculação de determinadas questões sobre avaliação a matrizes conceituais específicas; (3) apresentar os principais instrumentos e recursos disponíveis no Brasil para a avaliação de habilidades sociais, quanto aos seus recursos, origem e uso. Ao longo deste capítulo, estão sendo contrastadas as abordagens cognitivas e comportamentais, tratadas como dois enfoques gerais, considerando-se suas principais características, ainda que se reconheça a diversidade teórica e metodológica de cada um desses enfoques.

Os objetivos 1 e 2 têm como eixos as questões básicas sobre avaliação das habilidades sociais e, de algum modo, sobre qualquer avaliação: (a) *Por que avaliar*?; (b) *O que avaliar?*; (c) *Como avaliar?*

Respostas a essas questões devem levar em conta critérios de validade, confiabilidade e utilidade prática. Essas perguntas interagem de diferentes formas no planejamento e condução da avaliação. Dependendo dos objetivos da avaliação (*por que* avaliar), não somente o foco (*o que* avaliar) como os procedimentos (*como* avaliar) podem ser diferenciados. Por outro lado, dificuldades relativas ao *como* (por exemplo, os obstáculos para acessar eventos privados) podem direcionar a pesquisa e a prática para objetivos mais factíveis. Entende-se que a superação de problemas de método requer esforços relacionados não somente à prática mas, igualmente, à reflexão teórica.

Sem perder de vista as preocupações com a pesquisa, este capítulo aborda algumas das principais características da avaliação de habilidades sociais e os recursos disponíveis com base nas perguntas *por que* avaliar, o *que* avaliar e *como* avaliar. Essas três questões estão conspicuamente relacionadas às tarefas tanto do pesquisador como do profissional e impõem reflexões que são abordadas nas seções a seguir, atentando-se para alguns encaminhamentos à guisa de respostas a tais questões.

1. Por que avaliar as habilidades sociais?

Para responder a essa pergunta é necessário considerar as diferentes tarefas do profissional e do pesquisador interessado na prática e/ou na pesquisa sobre habilidades sociais. A atuação, tanto na prática como na pesquisa desse tema, supõe alguns requisitos básicos. Parte-se do princípio de que o pesquisador apresenta domínio dos requisitos técnicos inerentes à condução de um processo de investigação, porém, de qualquer maneira, é importante certa familiaridade com as diferentes abordagens que explicam o fenômeno das habilidades sociais (ver Del Prette & Del Prette, 1999, 2001, 2005; Hargie, Saunders & Dickson, 1994 e demais capítulos deste livro). Na intervenção (saúde, educação e trabalho, principalmente), requisitos adicionais de repertório são também importantes. Na condução de um programa de Treinamento de Habilidades Sociais (THS), esses requisitos incluem, como já explicitado (Del Prette & Del Prette, 2001), capacidades de/para observação, empatia, uso sistemático de *feedbacks*, coordenação de grupo, domínio de procedimentos de avaliação e de promoção/redução de comportamentos.

Com relação à avaliação, a Figura 1 resume, em duas classes amplas, a resposta à pergunta *por que* avaliar. Os itens referem-se a objetivos comuns a pesquisadores, mas também pertinentes à atuação de profissionais que conduzem programas de intervenção nessa área. No caso dos profissionais, vários itens são fundamentais nas diferentes etapas de um programa de THS, por exemplo, no diagnóstico, na identificação de necessidades de intervenção para selecionar objetivos, na análise dos efeitos da intervenção etc.

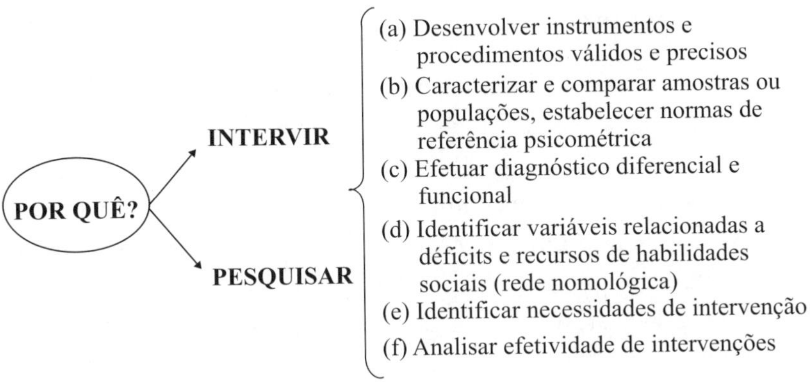

Figura 1. Possíveis objetivos da avaliação de habilidades sociais

A pesquisa-intervenção sobrepõe atividades e objetivos desses dois tipos de atuação, particularmente quando se trata de avaliar os efeitos de programas e procedimentos quanto a maximização das habilidades sociais e a redução dos problemas que competem com relações mais saudáveis e produtivas. Se o objetivo é avaliar a efetividade e o impacto de um programa, ou mesmo seus componentes críticos (Kazdin, 2003), não bastam avaliações antes/depois: é necessário que essas avaliações estejam articuladas a delineamentos experimentais, ou pelo menos quase experimentais, que garantam conclusões seguras sobre o papel do programa na produção desses efeitos (Cozby, 1977/2003). Os estudos experimentais podem ser feitos tanto em pesquisa-intervenção com sujeito único, por exemplo, via delineamentos de Linha de Base Múltipla ou de Reversão (mais utilizados sob abordagens comportamentais), como com grupos de controle ou placebo[1] (mais comuns em estudos sob abordagens cognitivas e cognitivo-comportamentais). No entanto, cabe lembrar que ainda são raros no Brasil os estudos sob delineamentos experimentais e quase experimentais (Bolsoni-Silva, Del Prette, Del Prette, Montagner, Bandeira & Del Prette, 2006).

2. O que avaliar?

Reconhecendo-se a multidimensionalidade inerente aos conceitos de habilidades sociais e de competência social (Caballo, 1993; Del Prette & Del Prette, 1999, 2001, 2005; McFall, 1982), a avaliação desses construtos é usualmente baseada em medidas de diferentes dimensões, impondo-se, então, o desafio de articulá-las em um quadro mais completo do repertório de comportamentos sociais do indivíduo e das variáveis associadas. Esse quadro pode ser facilitado por uma compreensão dos conceitos de habilidades sociais e de competência social (ver Del Prette & Del Prette, 1999, 2001, 2005).

A competência social é entendida como um construto avaliativo do desempenho efetivamente apresentado pelo indivíduo diante de tarefas sociais específicas. As habilidades sociais são considera-

---

1. Sobre o uso de placebo na pesquisa psicológica, ver Rocha, Del Prette e Del Prette (no prelo).

das como um construto descritivo, no sentido de um conjunto particular de comportamentos sociais (operantes), disponíveis no repertório do indivíduo. São comportamentos que, em dado contexto situacional-cultural, apresentam alta probabilidade de produzirem ou maximizarem reforçadores para o indivíduo e reduzirem estimulação aversiva, contribuindo para a efetividade e a qualidade de sua relação com o(s) outro(s). Considerando o conjunto de variáveis que podem influenciar o desempenho real do indivíduo na interação, afirma-se que um bom repertório de habilidades sociais é condição necessária, mas não suficiente para a competência social.

Como decorrência dessa compreensão, torna-se possível identificar instrumentos e procedimentos que avaliam as habilidades sociais, mas não necessariamente a competência social e vice-versa. Em geral, os dados de observação direta são mais confiáveis como indicadores de competência social ainda que também produzam indicadores de habilidades sociais. Já os instrumentos e procedimentos de relato produzem indicadores mais confiáveis de habilidades sociais do que de competência social.

A base mais visível das habilidades sociais e da competência social são os comportamentos publicamente observáveis, emitidos ou prováveis de serem emitidos pelo indivíduo nas interações sociais, que são objeto de análise tanto das abordagens comportamentais como das cognitivas. O desempenho socialmente competente supõe também processos encobertos de autocontrole ou automonitoria sobre os próprios comportamentos sociais e sobre reações fisiológicas de ansiedade, incômodo, medo (Caballo, 1993; Del Prette & Del Prette, 2001; Hargie, Saunders & Dickson, 1994; Ladd & Mize, 1983; Trower, 1995).

A Figura 2 resume os principais indicadores de comportamentos e de variáveis associadas a serem considerados em uma avaliação multidimensional das habilidades sociais.

O QUÊ? — COMPORTAMENTOS E VARIÁVEIS ASSOCIADAS

(a) **Recursos** e **déficits** de habilidades sociais (medidas de frequência, dificuldade, duração, intensidade, topografia etc., na emissão de classes específicas de comportamentos sociais)

(b) **Variáveis situacionais**: proximais (antecedentes, consequentes, contexto, interlocutores) e distais (normas da cultura ou subcultura)

(c) **Variáveis pessoais** (cognitivas, fisiológicas, ansiedade, transtornos psicológicos, motivacionais, aparência, atratividade, status sociométrico, papéis sociais etc.)

(d) **Variáveis sociodemográficas** (idade, sexo, *status* socioeconômico, escolaridade etc.)

Figura 2. Indicadores e variáveis relevantes na avaliação das habilidades sociais

Os comportamentos e eventos privados são vistos de modo diferenciado por abordagens comportamentais e cognitivistas. As cognitivistas atribuem um papel determinante aos processos e componentes cognitivo-afetivos sobre o desempenho socialmente competente (Bandura, 2008; Ladd & Mize, 1983), explicando esse desempenho com base na função mediadora desses processos, minimizando a força do ambiente (ver capítulos 3 e 4). As abordagens comportamentais não consideram os eventos encobertos como determinantes de comportamentos publicamente observáveis. Eles são entendidos como comportamentos (ainda que de acesso mais restrito) de mesma natureza (física) que, enquanto correlatos, também devem ser explicados pelos mesmos princípios que explicam o comportamento aberto (Skinner, 1975). A diferença se expressa inclusive no uso de verbos de ação (pensar, sentir ao invés de pensamento ou sentimento).

A avaliação inicial de habilidades sociais baseia-se, tipicamente, na caracterização das classes e subclasses de habilidades sociais presentes no repertório do indivíduo (geralmente com medidas de frequência, dificuldade, intensidade, duração etc.), incluindo-se a topografia, ou seja, a análise dos componentes não verbais e paralinguísticos (referidos no Capítulo 4). Algumas vezes, os aspectos topográficos são tão cruciais que se tornam o foco principal de intervenção, com o arranjo de procedimentos quase que exclusivamente voltados para esses componentes (por exemplo, ver Del Prette, Del Prette, Pontes & Torres, 1998). Independentemente do enfoque adotado, o acesso aos eventos privados, ou cognitivo-afetivos, é geralmente baseado em relato verbal ou inferido a partir de comportamentos sociais diretamente observados ou aferidos.

O conceito de déficits de habilidades sociais requer algumas considerações adicionais. Primeiro, supor déficits, implicar, inferir a "ausência" de comportamentos esperados em tarefas ou condições específicas ou identificar comportamentos que não atingem determinados critérios de frequência ou proficiência nessas tarefas (McFall, 1982). Essas possibilidades caracterizam diferentes tipos de déficit (de aquisição, de desempenho e fluência, respectivamente), que levam ao planejamento de diferentes procedimentos de promoção de habilidades sociais (Gresham, 1998a, 1998b, 2002; Del Prette & Del Prette, 2005a, 2005b).

Um aspecto importante na avaliação da competência social e das habilidades sociais é a análise da possível equivalência funcional entre as habilidades sociais e os comportamentos problemáticos que comprometem a competência social e a qualidade das relações. Como já referido no Capítulo 1, se as contingências do ambiente são mais favoráveis aos comportamentos problemáticos do que aos comportamentos sociais desejáveis, os primeiros passam a concorrer com a aprendizagem e o desempenho dos segundos. Também é importante examinar os recursos e déficits de habilidades sociais em sua relação com outras queixas ou transtornos psicológicos e com relação a indicadores de bom funcionamento psicossocial. Os recursos preservados constituem, geralmente, o ponto de partida para a reconstrução de um repertório mais elaborado de habilidades sociais.

Dado o caráter situacional-cultural das habilidades sociais (Argyle, 1967/1994; Argyle, Furnham & Graham, 1981; Caballo, 1993; Del Prette & Del Prette, 1999, 2001, 2005; Trower, 1980), a avaliação deve considerar sob quais *contextos* (familiar, escolar, de trabalho, de lazer etc.) e com que tipo de *interlocutores* (familiares, pessoas de autoridade, professores, colegas, amigos etc.) o indivíduo apresenta recursos e/ou déficits de habilidades sociais. Para aferir a gravidade de eventuais déficits, o repertório do indivíduo pode ser comparado a outros indivíduos de seu perfil sociodemográfico e cultural. As normas, regras e padrões de expectativas da cultura e da subcultura do indivíduo, inclusive religiosa (Del Prette & Del Prette, 2003; Villa, Del Prette & Del Prette, 2007), constituem contingências que podem determinar repertórios diferenciados, não necessariamente deficitários, sinalizando ainda a probabilidade de manutenção e generalização de novos comportamentos aprendidos em programas de intervenção.

A cultura e a subcultura estabelecem, ainda, padrões de expectativas e demandas diferenciadas de desempenho social conforme as *características sociodemográficas* do indivíduo. Assim, a amplitude dos recursos e a gravidade dos déficits podem/devem ser relativizadas em função de características sociodemográficas do indivíduo avaliado, como gênero, idade, ocupação, papéis sociais, *status* socioeconômico etc. Por exemplo, com relação à idade, espera-se melhor desempenho de conversação de um adolescente do que de uma criança; considerando-se as diferenças no desenvolvimento de meninos e meninas, espera-se, de forma geral, melhor desenvoltura social de meninas do que de meninos em idade escolar. A contextualização (situacional, cultural e sociodemográfica) é indispensável para se garantir a validade social dos objetivos e dos efeitos de programas de THS.

O conjunto das informações obtidas em um processo de avaliação de habilidades sociais pode ser analisado sob um enfoque idiográfico ou sob um enfoque nomotético (Del Prette & Del Prette, 2005b). No enfoque idiográfico, a análise é basicamente uma comparação entre características da própria pessoa, visando identificar os pontos "fortes" e "fracos" do repertório social do indivíduo e relacioná-los a outras características adaptativas ou desadaptativas de seu funcionamento psicológico. Sob um enfoque nomotético, as características interpessoais de cada indivíduo são cotejadas com a referência populacional normativa para a identificação de seus déficits e recursos. Ainda que as duas análises sejam utilizadas pelas diferentes abordagens conceituais do campo do THS, comumente o enfoque idiográfico está mais associado a uma avaliação funcional, que é típica do modelo operante (ver Capítulo 1).

Uma questão crítica na avaliação de habilidades sociais é a unidade de análise, especialmente quando baseada em medidas de frequência dos comportamentos sociais. O desempenho social pode ser analisado (Del Prette & Del Prette, 1999) tanto em unidades amplas, *molares*, ou seja, de condução de uma tarefa social (por exemplo, realizar uma exposição oral), como em unidades menores, componentes dessas tarefas, designadas como *moleculares* (por exemplo, fazer perguntas para a audiência durante a exposição). No entanto, entende-se que essa dicotomia molar *versus* molecular é sempre relativa ao foco selecionado para análise, podendo-se supor um *continuum* na extensão dos recortes possíveis (Del Prette & Del Prette, 1999) e a necessidade de pontos intermediários (Wallander, Conger & Conger, 1985): uma classe de habilidades sociais pode ser molar em relação a seus componentes, mas cada componente pode ser molar em relação às unidades ainda menores de que ele se compõe.

As classes de habilidades sociais, comumente referidas na literatura, podem ser situadas em um ponto intermediário do contínuo que vai dos episódios interativos mais amplos a comportamentos mínimos, não verbais e paralinguísticos. Entre as classes de habilidades sociais que têm recebido maior atenção na literatura, podem ser citadas as habilidades assertivas, de conversação, de empatia, de negociação, de falar em público etc. que, em nosso meio, aparecem como componentes de diferentes sistemas de classificação (ver, por exemplo, Del Prette & Del Prette, 2005; Falcone, 2001). A delimitação da unidade de análise é estabelecida *a priori* quando se focaliza classes específicas de habilidades sociais, como nos testes, inventários e fichas de registro. Também pode ser estabelecida *a posteriori*, como nos registros de episódios interativos em situações naturais (por exemplo, por meio de videogravação), posteriormente tomados para análise (por exemplo, Bandeira & Ireno, 2003).

Na abordagem comportamental, a unidade de análise é o operante, ou seja, uma classe de respostas sociais definidas a partir da relação funcional com antecedentes e consequentes, independentemente de sua amplitude na dimensão molar-molecular. Aplicada às habilidades sociais, essa noção implica identificar classes de comportamentos sociais que apresentam alta probabilidade de produzir consequências favoráveis à qualidade e à efetividade da interação social (Del Prette & Del Prette, 2001, 2005). Por exemplo, um pai pode interromper o comportamento do filho (classe "interromper comportamento") com uma longa admoestação ou com um mero olhar. Todavia, isso não dispensa a definição precisa da resposta a ser objeto de avaliação e/ou de intervenção. Na abordagem cognitiva, a delimitação da unidade de análise de componentes cognitivo-afetivos também é uma questão a ser enfrentada. Como descrito no Capítulo 2, há vários métodos para "unificação" de relatos produzidos pelas "anotações de pensamentos" em testes cognitivos.

Por outro lado, há que se considerar que pensamentos, crenças, expectativas, planos e metas podem apresentar-se sobrepostos, configurando padrões funcionais e disfuncionais que devem ser tomados como objeto de avaliação e intervenção (ver capítulos 2 e 3 dessa obra).

3. Como avaliar?

Como regra geral, a multidimensionalidade das habilidades sociais e da competência social implica uma avaliação multimodal (Del Prette & Del Prette, 2006; Gresham, 2002), ou seja, baseada em diferentes instrumentos e procedimentos, junto a vários informantes e contemplando contextos diversificados de interação social. A avaliação multimodal é a estratégia mais indicada porque supre as limitações inerentes a cada um dos recursos de avaliação, obtendo-se, assim, resultados mais acurados e válidos, não obstante a dificuldade de articular os diferentes indicadores para uma compreensão mais completa do repertório social do indivíduo. Uma análise racional, vantagens e limitações de diferentes procedimentos, instrumentos e recursos de avaliação de habilidades sociais pode ser encontrada em outros estudos (Del Prette & Del Prette, 2006; Del Prette, Monjas & Caballo, 2003, 2006) e não será detalhada no do presente capítulo.

A Figura 3 apresenta uma síntese dos principais recursos de avaliação das habilidades sociais e da competência social, sob um enfoque multimodal, ou seja, envolvendo diferentes instrumentos, procedimentos, informantes e contextos.

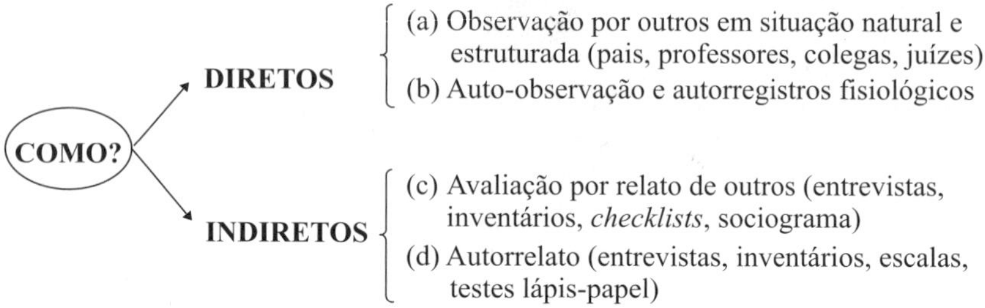

Figura 3. Como avaliar as habilidades sociais (enfoque multimodal)

A avaliação multimodal é bastante viável, dada a diversidade de instrumentos e procedimentos disponíveis nos estudos sobre habilidades sociais. Esses instrumentos e procedimentos podem ser agrupados (Kamphaus & Frick, 2002) em métodos diretos e indiretos, como ilustrados na Figura 1. Sob a perspectiva comportamental, a análise funcional experimental privilegia os métodos diretos, enquanto os métodos indiretos são usualmente utilizados para uma análise funcional descritiva. Além disso, os dados obtidos por métodos indiretos podem: (a) complementar dados de uma análise funcional experimental; (b) gerar hipóteses na etapa inicial de um diagnóstico funcional ou de uma análise funcional experimental. Tanto a observação direta, como a entrevista, permitem colher dados para uma análise funcional descritiva (Sturmey, 1996) dos recursos e déficits do repertório do indivíduo.

Os indicadores ou medidas de habilidades sociais e competência social podem variar na sensibilidade a determinadas alterações de repertório. Apenas para exemplificar, grandes mudanças no repertório de habilidades sociais são requeridas para afetar indicadores de *status* sociométrico, o que coloca a avaliação sociométrica como menos sensível a mudanças de curto prazo ou de pequena amplitude (Gresham, 1998b; Molina & Del Prette, 2008).

Considerando as bases conceituais do campo das habilidades sociais, parece haver uma maior valorização, pelas abordagens comportamentais, do enfoque idiográfico associado à observação direta, ainda que os dados de relato (por exemplo, entrevistas) sejam amplamente utilizados, especialmente nos contextos aplicados. Nesse caso, nota-se uma menor ênfase no uso de testes e inventários padronizados e em escores referenciados à norma. No entanto, cabe considerar que indicadores produzidos por esses instrumentos têm sido utilizados na análise de mudanças confiáveis e significância clínica dos resultados de intervenções (Del Prette & Del Prette, 2008a) e alguns métodos para essa análise foram desenvolvidos no contexto da terapia comportamental (Kazdin, 2003; Kazdin & Weisz, 2003). Além disso, a noção de enfoque multimodal, apresentada neste capítulo, é compatível com a perspectiva de ecletismo instrumental na Análise do Comportamento, conforme explicitado por Carrara (2008) que, segundo o autor alerta, não deve ser confundido com ecletismo teórico.

As abordagens cognitivas tendem a valorizar os instrumentos e procedimentos de relato verbal, como entrevistas, livres ou estruturadas, inventários e testes diversos, tanto sob enfoque nomotético como idiográfico. Como se pode verificar no Capítulo 2, uma multiplicidade de instrumentos, em geral baseados no autorrelato, é arrolada como forma de acesso aos componentes cognitivos das habilidades sociais. A maioria daqueles instrumentos não está validada para o Brasil, indicando uma vertente de pesquisa a ser mais explorada em nosso contexto.

4. Recursos para a avaliação de habilidades sociais

Nesta seção, são brevemente apresentados alguns dos principais recursos de avaliação produzidos no Brasil, ou adaptados à nossa população, para a pesquisa e a prática sobre habilidades sociais junto a diferentes clientelas. Esses recursos foram organizados em quatro grupos.

O primeiro grupo focaliza medidas de relato (autoavaliação e/ou avaliação por outros significantes) por meio de escalas, testes e inventários padronizados. O critério utilizado para inclusão na lista foi existência de indicadores psicométricos satisfatórios. Alguns desses instrumentos estão disponibilizados comercialmente sob a forma de testes psicológicos. Para serem comercializados no Brasil, os testes psicológicos devem ser formalmente recomendados pelo Conselho Federal de Psicologia[2], após criteriosa análise de validade, confiabilidade e normas, incluindo-se manual de aplicação, apuração e interpretação. No segundo grupo encontram-se recursos e procedimentos para a observação direta das habilidades sociais e variáveis relacionadas, alguns com medidas adicionais, de relato, tomadas na situação de desempenho observável. No terceiro grupo, são focalizados os roteiros de entrevista e questionários e, em um quarto grupo foram referidas brevemente as escalas que avaliam correlatos das habilidades sociais, aqui se incluindo as técnicas sociométricas.

4.1. Escalas, inventários e testes de habilidades sociais

Os recursos mais comumente utilizados para a avaliação de habilidades sociais têm sido os testes e inventários padronizados. A Tabela 1 mostra os que se encontram disponíveis no Brasil, com indicadores de validade e confiabilidade, incluindo-se tanto aqueles que estão comercializados como os que possuem uma distribuição sob controle dos autores.

---

2. Ver: http://www.pol.org.br/pol/cms/pol/servicos/satepsi/

Tabela 1. Relação de instrumentos disponíveis no Brasil, foco da avaliação, população a que se destinam e avaliador ou informante

TÍTULO E SIGLA		FOCO DA AVALIAÇÃO	POPULAÇÃO-ALVO	AVALIADOR
1. Inventário de Habilidades Sociais (IHS-Del-Prette)	*	HS	Adultos jovens	Autoavaliação
2. Inventário de Empatia (IE)	a	HE	Adultos jovens	Autoavaliação
3. Inventário de Assertividade de Rathus	a	HSA	Adultos	Autoavaliação
4. Escala para Autoavaliação ao Falar em Público (SSPS)	a	HFP	Adultos	Autoavaliação
5. Inventário de Habilidades Sociais Conjugais (IHSC-Villa&Del-Prette)	a	HSC	Casais	Autoavaliação e pelo cônjuge
6. Inventário de Habilidades Sociais para Adolescentes (IHSA-Del-Prette)	*	HS	Adolescentes	Autoavaliação
7. Escala Matson de Habilidades Sociais para Adolescentes (MESSY)	a	HS, CP	Adolescentes	Autoavaliação

Continua

TÍTULO E SIGLA		FOCO DA AVALIAÇÃO	POPULAÇÃO-ALVO	AVALIADOR
8. Inventário Multimídia de Habilidades Sociais para Crianças (IMHSC-Del-Prette)	*	HS, CP	Crianças	Criança, pais e professores
9. Sistema de Avaliação de Habilidades Sociais (SSRS-BR)	a	HS, CP, CA	Crianças	Criança, pais e professores
10. Escala de Comportamento Social (PKBS) – versões pais e professores	a	HS, CP	Pré-escolares	Pais e professores
11. Escala Multidimensional de Reatividade Interpessoal	a	HE	Crianças e adolescentes	Autoavaliação
12. Escala de Empatia para Crianças e Adolescentes (EECA)	a	HE	Crianças e adolescentes	Autoavaliação

(*) Comercialmente disponíveis: (a) Disponíveis com os autores

Dos 12 instrumentos listados na Tabela 1, somente três encontram-se comercializados (1, 6, 8). A maior parte dessa lista avalia habilidades sociais em geral (HS) e cinco avaliam habilidades específicas: de empatia (HE), de habilidades sociais conjugais (HSC) e de habilidades de falar em público (HFP). Alguns instrumentos avaliam adicionalmente outros aspectos, como comportamentos problemáticos (CP) e competência acadêmica (CA), e a maior parte é destinada a crianças e adolescentes. Os instrumentos para adolescentes e adultos baseiam-se na autoavaliação, mas dentre os destinados a crianças, quatro incluem autoavaliação (8 e 9) e os demais são respondidos por pais e professores. Segue-se uma breve apresentação desses instrumentos, conforme a ordem em que aparecem na Tabela 1.

Inventário de Habilidades Sociais (IHS-Del-Prette)

O IHS-Del-Prette (Del Prette & Del Prette, 2001) é um instrumento de autorrelato para avaliação de habilidades sociais, analisado e aprovado pelo Conselho Federal de Psicologia e disponibilizado em forma de uma caixa com materiais impressos (manual, fichas de aplicação e de apuração), com opção de apuração informatizada *online*. Compõe-se de 38 itens, cada um descrevendo uma situação de relação interpessoal e uma demanda de habilidade para reagir àquela situação. O respondente deve estimar a frequência com que reage da forma sugerida em cada item, considerando o total de vezes que se encontrou na situação descrita, e estimar a frequência de sua resposta em escala tipo *Likert*, com cinco pontos, variando de zero (*nunca ou raramente*) a 4 (*sempre ou quase sempre*). Em alguns itens há um fraseado "negativo", ou seja, pontuação mais alta indica déficit de habilidades sociais, devendo-se, nestes, inverter a pontuação para a obtenção do escore. O IHS-Del-Prette produz um escore geral, referenciado à norma em termos de percentis, e escores em cinco subescalas: (F1) *Enfrentamento e Autoafirmação com Risco*; (F2) *Autoafirmação na Expressão de Sentimento Positivo*; (F3) *Conversação e Desenvoltura Social*; (F4) *Autoexposição a Desconhecidos e Situações Novas*; (F5) *Autocontrole da Agressividade.* Além de um rol de publicações com e sobre o IHS-Del-Prette[3], outros estudos estão sendo conduzidos visando ampliar suas normas de referência, inclusive com uma versão para idosos (IHSI, de Del Prette & Del Prette, 2007). Essa versão foi

---

3. Ver: http://www.rihs.ufscar.br/index.php?option=com_content&task=view&id=113&Itemid=150

preliminarmente utilizada por Carneiro, Falcone, Clark, Del Prette e Del Prette (2007) produzindo resultados relevantes para a compreensão e intervenção sobre a qualidade de vida dessa população.

Inventário de Empatia (IE)

O Inventário de Empatia (IE, Falcone & colaboradores, 2008) é um instrumento com 40 afirmações sobre as quais os participantes devem estimar a frequência com que a ele se aplicam, com base em uma escala tipo Likert que varia de 1 (*nunca*) a 5 (*sempre*). Estudos psicométricos apresentados por Falcone e colaboradores (2008) mostram índices satisfatórios de consistência interna e a análise fatorial produziu quatro subescalas do instrumento: (1) *Tomada de Perspectiva*, que avalia a motivação e capacidade para compreender a perspectiva e os sentimentos da outra pessoa; (2) *Flexibilidade Interpessoal*, que identifica a capacidade de entender e aceitar pontos de vista muito diferentes; (3) *Altruísmo*, que avalia a capacidade para sacrificar temporariamente as próprias necessidades em benefício das necessidades da pessoa-alvo; (4) *Sensibilidade Afetiva*, que focaliza sentimentos de compaixão e de interesse pelo estado emocional da outra pessoa. Há normas preliminares obtidas em amostra de 713 estudantes universitários.

Inventário de Assertividade de Rathus (IAR)

Trata-se de um instrumento de avaliação das habilidades assertivas, construído nos Estados Unidos (Rathus, 1973), validado no Brasil por Pasquali e Gouveia (1990) e aprovado pelo Conselho Federal de Psicologia. A escala possui 30 itens que descrevem comportamentos ou sentimentos em situações sociais cotidianas, diante de demandas que requerem habilidades assertivas. Considerando o quanto se avalia como descrito em cada item, o respondente deve indicar sua posição em uma escala que varia de +3 (*extremamente parecido comigo*) a -3 (extremamente diferente de mim).

Escala para Autoavaliação ao Falar em Público (SSPS)

A Escala para Autoavaliação ao Falar em Público (*Self Statements during Public Speaking Scale*, SSPS) foi desenvolvida por Hofmann e DiBartolo (2000), considerando o falar em público como um dos medos mais prevalentes, tanto na população geral como nos indivíduos com Transtorno de Ansiedade Social (TAS). É um instrumento autoaplicável, composto por duas subescalas: Autoavaliação Positiva e Autoavaliação Negativa, cada qual com cinco itens pontuados de zero a 5. A SSPS foi traduzida e adaptada para o português (Osório, Crippa & Loureiro, 2008), demonstrando boas qualidades psicométricas em termos de validade discriminativa para os casos e não casos de TAS, conforme diagnosticados por meio da SCID-IV. Em relação aos não casos, os sujeitos com TAS apresentaram maior avaliação negativa de si e menor avaliação positiva em concordância com o aporte teórico do instrumento.

Inventário de Habilidades Sociais Conjugais (IHSC-Villa & Del-Prette)

Instrumento com 32 itens, com estrutura e conteúdo similares aos do IHS-Del-Prette (no qual se baseou). Cada item descreve uma situação interpessoal específica de relacionamento conjugal e uma possível reação de um dos cônjuges. O respondente estima e assinala a frequência com que apresenta a reação descrita com base em uma escala tipo *Likert* de cinco pontos, variando de zero (*nunca ou raramente*) a 4 (*sempre ou quase sempre*). A apuração produz um escore geral e escores em seis subescalas: (F1) *Comunicação/Expressividade*; (F2) *Asserção de Autodefesa*; (F3) *Expressão de Intimidade*; (F4) *Autocontrole Empático*; (F5) *Asserção Proativa*; (F6) *Evitação de conflitos*. Os estudos psicométricos (Villa, 2005; Del Prette, Villa, Freitas & Del Prette, 2008) produziram indicadores satisfatórios de validade e precisão. A finalização do manual, visando sua disponibilização mais ampla, encontra-se em andamento.

Inventário de Habilidades Sociais para Adolescentes (IHSA-Del-Prette)

O IHSA-Del-Prette (Del Prette & Del Prette, 2009) é um instrumento de autorrelato, para avaliação de habilidades sociais de adolescentes, referenciado à norma em termos de percentis, analisado e aprovado pelo Conselho Federal de Psicologia. É disponibilizado em forma de uma caixa contendo manual impresso, fichas de aplicação e apuração, com opção de apuração informatizada *on-line*. É composto por 38 itens que contemplam habilidades de relacionamento com diferentes interlocutores (parceiro/a afetivo-sexual, pais e irmãos, colegas, amigos, pessoas de autoridade, desconhecidos ou não especificados) que são requeridas em contexto público (escola, trabalho, lazer, consumo), privado (familiar e íntimo) ou não especificado. Em cada item, o adolescente é solicitado a julgar (a) sua *dificuldade* em apresentar a reação indicada no item; (b) a *frequência* com que apresenta aquela reação. As respostas são assinaladas em escala tipo *Likert*, produzindo escore geral de dificuldade e um de frequência. Além disso, produz escores em seis subescalas: (F1) *Empatia*; (F2) *Autocontrole*; (F3) *Civilidade*; (F4) *Assertividade*; (F5) *Abordagem Afetiva*; (F6) *Desenvoltura Social.*

Escala Matson de Habilidades Sociais para Adolescentes (MESSY)

Produzida nos Estados Unidos (*Matson Evaluation of Social Skills with Youngsters*, Matson, Rotatori & Helsen, 1983), a MESSY foi adaptada para vários países, avaliando, com base em 62 questões, habilidades sociais e problemas de comportamento em adolescentes. Em cada item, são apresentadas afirmações sobre características do respondente, que é solicitado a indicar, em uma escala de cinco pontos, quão verdadeira é cada afirmativa. No Brasil, a MESSY foi validada por Teodoro, Käppler, Rodrigues, Freitas e Haase (2005), que encontraram indicadores satisfatórios de propriedades psicométricas e uma estrutura de quatro fatores: (F1) *Agressividade/Comportamento Antissocial*; (F2) *Habilidades Sociais/ Assertividade*; (F3) *Vaidade/Arrogância*; (F4) *Solidão/Ansiedade Social*.

Inventário Multimídia de Habilidades Sociais para Crianças (IMHSC-Del-Prette)

O IMHSC-Del-Prette é parte de um sistema de avaliação e promoção de habilidades sociais, destinado a crianças de sete a 12 anos de idade, com escores referenciados à norma, aprovado pelo Conselho Federal de Psicologia e disponibilizado sob a forma de uma caixa com produtos impressos (manual e fichas) e CDs de aplicação e apuração (Del Prette & Del Prette, 2005). Possui 21 itens de interação social de crianças entre si e com adultos, apresentados no computador, sob a forma de esquetes de vídeo (somente para autoavaliação) e em versão impressa, sob a forma de caderno ilustrado com as imagens digitalizadas (tanto para autoavaliação como para avaliação por pais ou professores). Assim, possui duas alternativas para a autoavaliação da criança: por meio do computador, manipulado pela própria criança e por meio impresso, que reproduz as mesmas situações e reações da versão informatizada. Possui uma estrutura de quatro subescalas: (F1) *Empatia/Civilidade*; (F2) *Assertividade de Enfrentamento*; (F3) *Autocontrole*; (F4) *Participação*.

Cada item apresenta uma situação de interação social seguida por três alternativas de reação: (a) habilidosa; (b) não habilidosa passiva; (c) não habilidosa ativa. Em cada item a criança é solicitada a indicar qual a reação que costuma apresentar. Em cada reação é solicitada a indicar: (a) a *frequência* com que apresenta cada reação; (b) a *adequação* que atribui a cada uma delas; (c) a *dificuldade* que apresenta na emissão da reação socialmente habilidosa. Na avaliação pelo professor ou outro adulto, a *frequência* de cada habilidade no repertório da criança, a *adequação* de cada uma das três reações e a *importância* da reação habilidosa para o ajustamento social da criança.

O sistema possui um gerenciador informatizado que organiza os dados produzidos pela autoavaliação e pela avaliação do adulto, gerando um protocolo individual com todos os escores, gráficos Excel de cada um desses escores plotados sobre dados normativos e, adicionalmente, uma planilha Excel exportável para programas estatísticos. Outras características desse instrumento: (a) permite análise intraindividual (pontos "fortes" e "fracos" da criança) e/ou interindividual (situação da criança em relação a uma amostra normativa); (b) manual com instruções para o uso dos resultados no planejamento de intervenções específicas; (c) opção e instruções para o uso dos recursos multimídia em procedimentos de intervenção, quando a avaliação de habilidades sociais é feita por meio de outros instrumentos.

Sistema de Avaliação de Habilidades Sociais (SSRS-BR)

Trata-se de adaptação de instrumento desenvolvido nos Estados Unidos (*Social Skills Rating System*, Gresham & Elliott, 1990), que avalia habilidades sociais, problemas de comportamento e competência acadêmica de crianças. O SSRS-BR é apresentado em três versões: autoavaliação pela criança (somente para habilidades sociais), avaliação por pais ou responsáveis (para habilidades sociais e comportamentos problemáticos) e avaliação por professores (habilidades sociais, comportamentos problemáticos e competência acadêmica). A escala de habilidades sociais avalia a *frequência* com que a criança apresenta cada reação e a *importância* de cada item para o desenvolvimento da criança (avaliada pelos pais); a de comportamentos problemáticos avalia a *frequência* com que a criança apresenta cada item. Na escala de competência acadêmica, o professor avalia diferentes aspectos (desempenho acadêmico geral, leitura, matemática, motivação geral, estímulo dos pais, funcionamento intelectual e comportamento geral) classificando a criança em relação aos colegas, sob cada um deles (*entre os 10% piores* até *entre os 10% melhores*). A adaptação brasileira do SSRS-BR (Bandeira, Del Prette, Del Prette & Magalhães, no prelo) produziu indicadores de validade e precisão satisfatórios, além de escores para as diferentes subescalas. Para a escala de habilidades sociais, a versão respondida por pais é composta das subescalas de: *Cooperação, Amabilidade, Iniciativa/Desenvoltura Social, Assertividade, Autocontrole/Civilidade* e *Autocontrole Passivo*; a versão para professores, pelas subescalas de *Responsabilidade/Cooperação, Asserção Positiva, Autocontrole, Autodefesa e Cooperação com Pares*; e a versão de autoavaliação pela criança pelas subescalas de *Responsabilidade, Empatia, Assertividade, Autocontrole, Evitação de Problemas e Expressão de Sentimento Positivo*. Para a escala de problemas de comportamento, a avaliação do professor contempla as subescalas de *Problemas Internalizantes* e *Problemas Externalizantes* e a dos pais apresenta, além destas, a de *Hiperatividade*. A escala de competência acadêmica é unidimensional. As normas de referência (com base em amostra multicêntrica de 1.115 crianças do sul e sudeste brasileiro) e as instruções para aplicação, apuração e interpretação estão sendo reunidas em Manual (elaboração em andamento). Possui normas preliminares para subamostras de crianças com deficiência mental (Freitas & Del Prette, s.d.), que estão sendo ampliadas para outros quadros de necessidades educativas especiais (Freitas, 2008).

Escala de Comportamento Social para Pré-Escolares (PBKS)

Escala de Comportamento Social para Pré-Escola e Jardim da Infância (*Preschool and Kindergarten Behavior Scale, ou PKBS*) foi desenvolvida por Merrell (2003), e é parte de um conjunto de escalas de avaliação do comportamento social produzidas por esse autor. A PKBS avalia comportamentos sociais de crianças pré-escolares, entre três e seis anos de idade, com base em 34 itens de habilidades sociais e 42 de problemas de comportamento, que devem ser respondidos, em termos de frequência (escala *Likert* de zero a 3), por pais, professores e outros adultos familiarizados com a criança. Estudo preliminar de validação brasileira da PKBS, realizado junto a pais e professores de 143 crianças de ambos os sexos (Dias, Freitas & Del Prette, 2009), mostrou indicadores satisfatórios, consistência interna e de validade convergente e discriminante. Os itens se agruparam em quatro subescalas na versão pais (F1: *Afetividade/Sociabilidade*; F2: *Obediência/Autocontrole*; F3: *Empatia*; F4: *Participação*); e três na versão professores (F1: *Obediência/Autocontrole*; F2: *Sociabilidade/Afetividade*; F3: *Empatia*).

Escalas de empatia de crianças e adolescentes: EMRI e EECA

Duas escalas de empatia para crianças e adolescentes – o *Interpessoal Reactivity Index* (IRI), de Davis (1983) e o *Index of Empathy for Children and Adolescent* (IECA), de Bryant (1982). A primeira, traduzida como Escala Multidimensional de Reatividade Interpessoal de Davis (EMRI), é um instrumento lápis-papel, composto por três subescalas com sete itens cada, que avaliam duas dimensões afetivas (consideração empática e angústia pessoal) e uma cognitiva (Tomada de perspectiva) da empatia. A segunda, também lápis-papel, foi traduzida como Escala de Empatia para Crianças e Adolescentes (EECA), e é composta por 22 itens que avaliam aspectos ligados à aceitação das diferenças individuais e ao contágio emocional. As duas esclas forma adaptadas e validadas no Brasil por Ribeiro, Koller e Camino (2001), que reportaram índices de consistência interna satisfátorios para ambas, recomendando sua utilização no Brasil.

4.2. Observação direta

Os recursos e procedimentos para observação direta vêm sendo bastante valorizados no campo das habilidades sociais, especialmente por permitirem a avaliação combinada dos componentes verbais e dos não verbais e paralinguísticos, além de outras variáveis da situação onde o desempenho ocorre. Os registros podem ser feitos tanto em situação natural como em situações estruturadas (mais comuns). Com base nas medidas de interesse, pode-se selecionar o tipo de registro mais adequado, por exemplo, de evento, de amostragem de tempo ou de intervalo, eventualmente com medidas de relato associadas. Todos esses registros, especialmente os de evento, podem ser utilizados para a avaliação funcional, com descrição do contexto, dos interlocutores, das demandas do ambiente em que ocorre e das consequências dos comportamentos de interesse.

Uma alternativa de observação direta na avaliação de habilidades sociais, principalmente de adolescentes e adultos, são os autorregistros, com base em fichas especiais para isso (ver Del Prette & Del Prette, 1999; Del Prette, Monjas & Caballo, 2006). Ainda que comumente utilizados em contextos de intervenção, verifica-se certa lacuna de estudos sobre instrumentos desse tipo em nosso país. Considerando a importância da estratégia de tarefas de casa (Del Prette & Del Prette, 2005) nos programas de THS, o uso sistemático desses registros pode trazer importantes elementos para a avaliação continuada desses programas.

Nesta seção, são apresentados dois procedimentos de observação direta que envolvem situações estruturadas e um sistema de classes e subclasses de habilidades sociais educativas que pode ser utilizado tanto em situações naturais como em situações estruturadas.

Teste de Simulação de Falar em Público (TSFP)

Trata-se de um procedimento padronizado, produzido com base em um modelo clínico-experimental de ansiedade (McNair et al., 1982), inicialmente utilizado para testar os efeitos do Diazepan® sobre a ansiedade. Conforme Osório, Crippa e Loureiro (2008), o modelo é composto por cinco fases: basal, pré-stress, antecipação, execução/fala e pós-stress/recuperação, e tem se mostrado capaz de induzir ansiedade em voluntários saudáveis, independente do nível do traço de ansiedade, diferentemente de outros modelos experimentais de ansiedade. No Brasil, o TSFP tem sido utilizado em estudos clínico-farmacológicos, adotando-se, em geral, o procedimento adaptado por Guimarães, Zuardi e Graeff (1987). Osório e colaboradores (2008) revisaram a literatura sobre modelos experimentais de falar em público e relataram as principais características dos procedimentos utilizados, ressaltando a ausência de um modelo único de avaliação. Os autores também verificaram que o modelo experimental do TSFP induziu ansiedade em voluntários saudáveis, independente do nível do traço de ansiedade. Os referidos autores estão utilizando o TSFP na avaliação de portadores do TAS, adotando o seguinte procedimento: (a) solicita-se ao sujeito uma exposição sobre um tema neutro, por exemplo, o sistema de transporte da cidade; (b) a fala/desempenho é gravada em videotape e ao sujeito é dito que, posteriormente, ela será avaliada por psicólogos; (c) são tomadas medidas subjetivas de ansiedade (Inventário de Ansiedade Traço-Estado, STAI), sintomas físicos indiretamente influenciados (Escala de Sintomas Somáticos, ESS) e aspectos como sedação mental e física e outros sentimentos e atitudes (Escala Visual Analógica de Humor, VAMS, com indicadores de pressão arterial, frequência cardíaca e condutância da pele).

Cenários Comportamentais

Uma forma de padronização das condições de observação direta, mantendo-se grande parte das vantagens da observação naturalística, é a estruturação de Cenários Comportamentais (como proposta por Michelson, Wood & Kazdin, 1983), conduzida pelo próprio terapeuta ou por um assistente. Tipicamente, o Cenário Comportamental é uma situação estruturada de desempenho com base em estímulos e questões padronizados, que estabelecem demandas para respostas sociais (cumprimentar, fazer pedidos, elogiar e receber elogios, fazer crítica, expressar sentimentos, recusar pedidos, iniciar e encerrar conversação etc.). O desempenho é filmado e posteriormente pontuado com base em critérios anteriormente estabelecidos, podendo gerar tanto avaliações globais como de componentes específicos. Resultados produzidos por essa alternativa encontram-se disponíveis em estudos sobre interações mães-filhos (Margarette M. Rocha, 2009; Freitas, 2005), entre crianças e destas com professores (Pavarino, Del Prette & Del Prette, 2005; Lopes, 2009; Rosin-Pinola, 2006), de adolescentes e adultos com necessidades educativas especiais (Del Prette & Pereira, 2008a; Aguiar, 2006).

Sistema de Habilidades Sociais Educativas (SHSE)

Considerando-se as habilidades sociais como um construto descritivo, inferido a partir de comportamentos sociais observáveis, a sua observação direta, seja em contexto natural, seja em situações estruturadas, requer definição, *a priori* ou *a posteriori*, de classes de habilidades sociais específicas. Assim, o desenvolvimento de sistemas de classes e subclasses de habilidades sociais facilita a análise de materiais obtidos por videogravação e registro por meio de fichas de observação direta. O *Sistema de Habilidades Sociais Educativas* (Del Prette & Del Prette, 2008b) vem sendo utilizado em articulação com os Cenários Comportamentais (Margarette M. Rocha, 2009; Freitas, 2005) e em situação natural (como em Rosin-Pinola, 2006; Manólio, 2009). Na avaliação de programas, o SHSE produz resultados que permitem identificar déficits e recursos específicos do educador, em sua interação com crianças e adolescentes, norteando, assim, objetivos de intervenção. Não obstante produzido como recurso auxiliar da observação direta, as classes e respectivas definições do SHSE vêm sendo também exploradas em entrevistas estruturadas junto a pais e professores (Margarette M. Rocha, 2009; Souza, 2008).

4.3. Entrevistas e questionários

Além dos testes, escalas e inventários, referenciados à norma, e dos procedimentos de observação direta que permitem uma análise idiográfica, focalizada no desempenho social, outros recursos, de uso menos generalizado no Brasil, são utilizados na avaliação das habilidades sociais. As entrevistas e questionários, comuns na prática clínica, têm sido pouco explorados em estudos sistemáticos de avaliação de habilidades sociais. Eles constituem recurso valioso para a obtenção, via relato verbal, de informações nem sempre facilmente acessíveis por outros meios. Entrevistas e questionários raramente são objeto de estudos psicométricos em nosso meio, podendo-se destacar nesta seção dois instrumentos.

O primeiro é o Roteiro de Entrevista de Habilidades Sociais Educativas Parentais (RE-HSE-P, de Bolsoni-Silva, 2009) para a coleta de dados sobre vários aspectos pertinentes ao repertório de habilidades dos pais na educação dos filhos. O roteiro produz escores em dois fatores: características positivas e características negativas da interação entre pais e filhos. São relatados indicadores de confiabilidade teste-reteste, validade de construto e discriminante.

O segundo é o Questionário de Respostas Socialmente Habilidosas (QRSH), em versão para pais (Bolsoni-Silva, Loureiro & Marturano, 2009) e para professores (Bolsoni-Silva, Loureiro & Marturano, no prelo). Cada item é apresentado sob a forma de pergunta (por exemplo, *Faz pedidos?*) com três alternativas de resposta (*Não se aplica; Se aplica um pouco; Certamente se aplica*). Indicadores psicométricos foram obtidos junto a amostras de crianças com e sem queixas de problemas de comportamento. Os estudos mostraram resultados favoráveis em termos de consistência interna, validade discriminante e concorrente (versão pais e professores) e preditiva (versão professores).

4.4. *Outros recursos de avaliação de habilidades sociais*

Conforme destacamos em outros estudos (Del Prette & Del Prette, 2003, 2005a, 2005b), os déficits e recursos de habilidades sociais apresentam correlação com grande quantidade de variáveis. Entre as variáveis que apresentam correlação positiva, podem ser destacadas: saúde, bem-estar subjetivo, *status* sociométrico, ajustamento psicossocial, bom rendimento acadêmico, sucesso pessoal e profissional. Com correlação negativa, podem ser citados: os diferentes tipos de transtornos psicológicos (problemas de comportamento, depressão, fobia social etc.) e as dificuldades interpessoais em geral. São muitos os instrumentos disponíveis para avaliar essas variáveis. Nesta seção foram selecionados somente a título de exemplo: (a) o Sistema ASEBA de avaliação geral de comportamentos; (b) um exemplo de escala abreviada; (c) técnicas sociométricas.

O Sistema ASEBA

O Sistema de Avaliação Empiricamente Baseada (*Achenbach System of Empirically Based Assessment*, ASEBA, Achenbach & Rescorla, 2004), traduzido e adaptado para diversos países, tem sido utilizado em pesquisas clínicas, independentemente ou em associação com a investigação de habilidades sociais. No Brasil, duas escalas desse sistema, a de Avaliação dos Comportamentos da Criança (*Child Behavior Checklist*, CBCL, Achenbach, 1991a) e o Inventário de Autoavaliação para Jovens (*Youth Self-Report*, YSR, Achenbach, 1991b) têm sido objeto de estudos preliminares de validação.

O CBCL, para crianças, é uma versão para pais desse inventário (há outra similar para professores, *Teachers's Report Form* ou TRF), com 120 itens e três opções de resposta (*Falso ou Ausente, Algumas Vezes Verdadeiro ou Presente* e *Frequentemente Verdadeiro ou Presente*), gerando escores em duas subescalas: (a) Competência Social, usando esse conceito em sentido lato que reúne itens sobre prática de esportes e outras atividades lúdicas, participação em grupos ou equipes, realização de tarefas em casa, relacionamentos sociais e desempenho acadêmico; (b) *Problemas de Comportamento*, que avalia problemas associados a oito categorias de síndromes: Agressividade, Delinquência, Ansiedade/Depressão, Queixas Somáticas, Problemas Sociais, de Atenção, de Pensamento e Sexuais/de Gênero. A apuração é informatizada e contempla normas transculturais de referência. O CBCL possui um estudo psicométrico no Brasil, com indicadores preliminares de validade discriminante, realizado com 49 crianças de ambos os sexos, de nível socioeconômico baixo, com idade entre quatro e 12 anos, com um ou mais diagnósticos psiquiátricos segundo critérios da 10ª edição da Classificação Internacional de Doenças (CID-10).

O YSR, para adolescentes, focaliza alguns itens pertinentes à competência social, mas a maior parte dele é dedicada a problemas de comportamento. A primeira parte é composta por itens destinados à avaliação de competências variadas do adolescente, incluindo prática de esportes, atividades extraescolares, relacionamentos com amigos e desempenho acadêmico. A segunda parte consta de uma lista com 105 itens que se referem a problemas de comportamento e outros 14 itens de comportamentos socialmente desejáveis, ainda que não necessariamente habilidades sociais (por exemplo: *Sou bastante honesto(a), Gosto de experiências novas*). A avaliação do YSR fornece um perfil do adolescente em três escalas – *Atividades, Social* e *Desempenho Acadêmico* – cuja soma produz a Escala de Competências e 8 escalas-síndrome de problemas de comportamento, empiricamente baseadas: *Isolamento/Depressão, Ansiedade/Depressão, Queixas Somáticas, Problemas Sociais, Problemas de Atenção, Problemas de Pensamento, Comportamento de Quebrar Regras e Comportamento Agressivo.* As escalas de problemas de comportamento são reunidas em uma *Escala de Internalização* (EI) e uma *Escala de Externalização* (EE), ambas compondo a *Escala Total de Problemas de Comportamento* (ET). A validação do YSR para o Brasil encontra-se em andamento (Marina M. Rocha, 2009), com índices psicométricos preliminares.

Escalas abreviadas

Atualmente verifica-se uma preocupação com a busca de escalas breves, econômicas e de fácil aplicação para a avaliação de aspectos pontuais do repertório social (Gresham & Cook, 2008), conforme já referido também no Capítulo 1. No Brasil, ainda não se dispõe de instrumentos desse tipo para a avaliação de habilidades sociais. Considerando-se a avaliação de variáveis correlacionadas com déficits de habilidades sociais, pode-se destacar o *Mini-Inventário de Fobia Social (MS)*, uma versão reduzida do Social Phobia Inventory, proposto por Connor, Kobak, Churchill, Katzelnick e Davidson (2001). Traduzido e adaptado por Osório, Crippa e Loureiro (2007), o MS é constituído por apenas três itens, pontuados em escala *Likert* de cinco pontos, que se mostraram os mais indicativos do transtorno de ansiedade social. Constitui, assim, uma ferramenta particularmente útil na identificação de pessoas com esse transtorno, viabilizando a agilidade na atenção primária de atendimento.

Técnicas sociométricas

Outro recurso ainda pouco explorado em nosso contexto, mas que representa um importante indicador de competência social, especialmente no caso de crianças, são as medidas de *status* sociométrico (Asher & Hymed, 1981; Coie, Dodge & Coppotelli, 1982). Uma análise das características e alternativas para o uso de técnicas sociométricas é apresentada em outros estudos (Del Prette & Del Prette, 2006; Del Prette, Monjas e Caballo, 2006), podendo-se citar algumas publicações em nosso meio que mostram a pertinência e importância desses indicadores (Morais, Otta & Scala, 2001) e sua correlação com o repertório de habilidades sociais e a competência social (Del Prette & Del Prette, 2003; Molina & Del Prette, 2008).

5. À guisa de conclusão

Como pode ser visto neste capítulo, a avaliação de habilidades sociais e de competência social produz diferentes tipos de medidas ou indicadores, que se justificam em função da natureza multidimensional desse construto. Assim, conforme assinalado em Del Prette e Del Prette (2006), um enfoque multimodal pode estar baseado em vários dos seguintes índices: (a) *frequência* ou *intensidade* de habilidades específicas (e suas características topográficas); (b) *comportamentos problemáticos* (que concorrem com a emissão de habilidades sociais); (c) *funcionalidade* dos desempenhos competentes e problemáticos (adequação às demandas do ambiente e consequências obtidas); (d) *dificuldade* (enquanto indicador de ansiedade) para desempenhar habilidades específicas; (e) *compreensão* das normas sociais quanto aos desempenhos esperados; (f) *importância* atribuída pelos significantes a desempenhos ou habilidades específicas (indicador da validade social das habilidades que a criança deve apresentar); (g) *correlatos adaptativos e desadaptativos* da competência social.

Cabe lembrar que há, ainda, poucos instrumentos de avaliação de habilidades sociais, disponibilizados **sob a forma de manuais** em nosso país (somente três da Tabela 1). No entanto, considerando-se a diversidade de recursos recentemente construídos ou validados, além de outros que estão sendo objeto de investigação, evidencia-se o interesse e a necessidade de investimento em pesquisas voltadas para a construção, validação e refinamento desses recursos, tanto sob abordagens comportamentais como cognitivas. Entende-se que esse tipo de investimento é fundamental para atender aos vários objetivos listados em resposta à questão *Por que avaliar?* (Figura 1), particularmente sob delineamentos experimentais mais sofisticados.

As abordagens conceituais do campo das habilidades sociais apresentam peculiaridades quanto às dimensões do repertório social que privilegiam, quanto à ênfase em enfoques idiográficos ou nomotéticos e quanto aos tipos de instrumentos e procedimentos preferencialmente adotados. Ainda que alguns instrumentos sejam mais pertinentes a determinadas abordagens, não se pode ignorar as limitações de cada um deles e a necessidade de complementaridade, sob um enfoque multimodal, de informações para a obtenção de um quadro mais completo e válido do repertório de habilidades sociais (Del Prette & Del Prette, 2003, 2006).

Os testes, inventários e escalas, válidos e confiáveis, são particularmente importantes em pesquisas sobre programas de intervenção, individual ou grupal, entre outras razões porque produzem medidas para a identificação de mudanças confiáveis e clinicamente significativas (Aguiar, Aguiar & Del Prette, 2009; Del Prette & Del Prette, 2008a). Alguns estudos desse tipo, dentro e fora do campo das habilidades sociais, ilustram essa possibilidade (Pereira, Silvares & Del Prette, 2008; Aguiar, 2006; Yoshida, 2006).

Mesmo reconhecendo-se que as questões *o que* e *como* avaliar dependem, em última instância, dos pressupostos conceituais nos quais o pesquisador e o profissional se apoiam, o conjunto de medidas ou indicadores, produzidos por diferentes recursos de avaliação, constitui um convite e um desafio ao diálogo entre diferentes vertentes epistemológicas para o avanço da teorização e da prática do treinamento de habilidades sociais.

6. Referências

Achenbach, T.M. (1991a). *Manual for the Youth Self-Report and 1991 profile*. Burlington, VT: University of Vermont, Department of Psychiatry.

Achenbach, T.M. (1991b). *Manual for the Child Behavior Checklist and 1991 profile*. Burlington, VT: University of Vermont, Department of Psychiatry.

Achenbach, T.M. & Rescorla, L.A. (2004). *Mental health pratitioners' guide for the Achenbach System of Empirically Based Assessment (ASEBA) (4th ed.)*. Burlington, VT: University of Vermont, Research Center for Children, Youth & Families.

Aguiar, A.A.R. (2006). *Construção e avaliação de um programa multimodal de habilidades comunicativas para adultos com defi-*

ciência mental. Tese de Doutoramento. Programa de Pós-Graduação em Educação Especial. Universidade Federal de São Carlos, São Paulo.

Aguiar, A.R., Aguiar, R.G. & Del Prette, Z.A.P. (no prelo). *Calculando a significância clínica e o índice de mudança confiável em pesquisa-intervenção*. São Carlos: EDUFSCar.

Argyle, M. (1994). *Psicología del Comportamiento Interpersonal*. Madrid: Alianza Universidad. Original publicado em 1967.

Argyle, M., Furnham, A. & Graham, J.A. (1981). *Social situations*. Cambridge: Cambridge University Press.

Asher, S.R. & Hymed, S. (1981). Children's social competence in peer relations: Sociometric and behavioral assessment. In J.D. Wine & M.D. Smye (Eds.), *Social competence* (pp. 125-157). New York: Guilford Press.

Bandeira, M. & Ireno, E.M. (2003). Reinserção social de psicóticos: Avaliação global do grau de assertividade, em situação de fazer e receber críticas. *Psicologia: Reflexão e Crítica, 15*, 665-675.

Bandeira, M., Del Prette, Z.A.P., Del Prette, A. & Magalhães, T. (no prelo). Escala de avaliação das habilidades sociais de estudantes do ensino fundamental, SSRS-BR: Validação transcultural para o Brasil. *Psicologia: Teoria e Pesquisa*.

Bandura, A. (2008). A Teoria Social-Cognitiva na perspectiva da agência. In A. Bandura, R.G. Azzi & S. Polydoro (Orgs.), *Teoria Social-Cognitiva: Conceitos básicos* (pp. 69-96). Porto Alegre: Artmed.

Bolsoni-Silva, A.T. (2009). Estudos de validação e confiabilidade do Roteiro de Entrevista de Habilidades Sociais Educativas Parentais (RE-HSE-P). Relatório Científico encaminhado ao CNPq, referente a Programa de Pós-Doutorado realizado na Faculdade de Medicina, Ribeirão Preto, Universidade de São Paulo. Disponível com a autora.

Bolsoni-Silva, A.T., Marturano, E.M., Loureiro, S.R. (2009). Construction and validation of the brazilian Questionário de Respostas Socialmente Habilidosas segundo relato de professores (QRSH-PR). *Spanish Journal of Psychology,12*, 349-359.

Bolsoni-Silva, A.T., Marturano, E.M. & Loureiro, S.R. (s.d.). Contributions for the construction and validation for the Questionnaire of Socially Skillful Answers, Teachers' Version QRSH-PR. *The Spanish Journal of Psychology*, no prelo.

Bolsoni-Silva, A.T., Marturano, E.M. & Loureiro, S.R. (s.d.). Estudos de confiabilidade e validade do Questionário de Respostas Socialmente Habilidosas Versão para Pais – QRSH-Pais. Disponível com os autores.

Bolsoni-Silva, A.T., Del Prette, Z.A.P., Del Prette, G., Montagner, A.R., Bandeira, M. & Del Prette, A. (2006). Habilidades sociais no Brasil: Uma análise dos estudos publicados em periódicos. In M. Bandeira, Z.A.P. Del Prette & A. Del Prette (Orgs.), *Estudos sobre habilidades sociais e relacionamento interpessoal* (pp. 17-45). São Paulo: Casa do Psicólogo.

Bordin, I.A.S., Mari, J.J. & Caeiro, M.F. (1995). Validação da versão brasileira do *"Child Behavior Checklist"* (CBCL): Dados preliminares. *Revista ABP-APAL (Associação Brasileira de Psiquiatria/Asociación Psiquiátrica de la America Latina), 17*, 55-66.

Caballo, V.E. (1993). *Manual de evaluación y entrenamiento de las habilidades sociales.* Madrid: Siglo XXI.

Caldarella, P. & Merrell, K.W. (1997). Common dimensions of social skills of children and adolescents: A taxonomy of positive behaviors. *School Psychology Review, 26*, 264-278.

Carneiro, R.S., Falcone, E.O., Clark, C., Del Prette, Z.A.P. & Del Prette, A. (2007). Qualidade de vida, apoio social e depressão em idosos: relação com habilidades sociais. *Psicologia, Reflexão e Crítica, 20*, 229-237.

Carrara, K. (2008). Bases conceituais revisitadas, implicações éticas permanentes e estratégias recentes em Análise Aplicada do Comportamento. In M.R. Cavalcante (Org.), *Avaliação e intervenção em Análise do Comportamento: Aspectos de procedimentos* (pp. 1-14). São Paulo: Roca.

Coie, J.D., Dodge, K.A. & Coppotelli, H. (1982). Dimensions and types of social status: A cross age perspective. *Developmental Psychology, 18*, 557-570.

Connor, K.M., Kobak, K.A., Churchill, L.E., Katzelnick, D. & Davidson, J.R. (2001). Mini-Spin: A brief screening assessment for generalized social anxiety disorder. *Depression & Anxiety, 14*, 137-140.

Cozby, P.C. (1977/2003). *Métodos de pesquisa em ciências do comportamento*. São Paulo: Atlas.

Del Prette, A. & Del Prette, Z.A.P. (2001). *Psicologia das relações interpessoais e habilidades sociais: Vivências para o trabalho em grupo*. Petrópolis: Vozes.

Del Prette, A. & Del Prette, Z.A.P. (2003). *Habilidades sociais cristãs: Desafios para uma nova sociedade*. Petrópolis: Vozes.

Del Prette, A. & Del Prette, Z.A.P. (2005). A importância das tarefas de casa como procedimento para a generalização e validação do treinamento de habilidades sociais. In H.J. Guilhardi & N.C. Aguirre (Orgs.), *Primeiros passos em Análise do Comportamento e Cognição* (pp. 67-74). Santo André, ESETec.

Del Prette, A. & Del Prette, Z.A.P. (2009). *Inventário de Habilidades Sociais para Adolescentes (IHSA-Del-Prette): Manual de aplicação, apuração e interpretação*. São Paulo: Casa do Psicólogo.

Del Prette, A. & Pereira, C.S. (2008). Procedimentos de observação em situações estruturadas para avaliação de habilidades sociais profissionais de adolescentes. *Revista Psicolog, 1*, 55-67.

Del Prette, A., Del Prette, Z.A.P., Pontes, A.C. & Torres, A.C. (1998). Efeitos de um programa de intervenção sobre aspectos topográficos das habilidades sociais de professores. *Psicologia Escolar e Educacional, 2*, 11-22.

Del Prette, Z.A.P. & Del Prette, A. (1999). *Psicologia das habilidades sociais: Terapia, educação e trabalho*. Petrópolis: Vozes.

Del Prette, Z.A.P. & Del Prette, A. (2001). *Inventário de Habilidades Sociais (IHS-Del-Prette): Manual de aplicação, apuração e interpretação*. São Paulo: Casa do Psicólogo.

Del Prette, Z.A.P. & Del Prette, A. (2003). Habilidades sociais e dificuldades de aprendizagem: Teoria e pesquisa sob um enfoque multimodal. In A. Del Prette & Z.A.P. Del Prette (Orgs.), *Habilidades Sociais, Desenvolvimento e Aprendizagem: Questões conceituais, avaliação e intervenção* (pp. 167-206). Campinas: Alínea.

Del Prette, Z.A.P. & Del Prette, A. (2005a). *Psicologia das habilidades sociais na infância: Teoria e prática*. Petrópolis: Vozes.

Del Prette, Z.A.P. & Del Prette, A. (2005b). *Sistema Multimídia de Habilidades Sociais para Crianças: Manual de aplicação, apuração e interpretação*. São Paulo: Casa do Psicólogo.

Del Prette, Z.A.P. & Del Prette, A. (2006). Avaliação muldimodal de habilidades sociais em crianças: Procedimentos, instrumentos e indicadores. In Bandeira, M., Del Prette, Z.A.P. & Del Prette, A. (Orgs.), *Estudos sobre habilidades sociais e relacionamento interpessoal* (pp. 47-68). São Paulo: Casa do Psicólogo.

Del Prette, Z.A.P. & Del Prette, A. (2007). *Questões empíricas e desenvolvimento de tecnologia para avaliação e promoção de habilidades sociais*. Projeto de Pesquisa aprovado pelo CNPq (Processo n. 502049/2005-7).

Del Prette, Z.A.P. & Del Prette, A. (2008a). Significância clínica e mudança confiável: A efetividade das intervenções em Psicologia. *Psicologia: Teoria e Pesquisa, 24*(4), 497-506.

Del Prette, Z.A.P. & Del Prette, A. (2008b). Um sistema de categorias de habilidades sociais educativas. *Paideia: Cadernos de Psicologia e Educação, 18*(41).

Del Prette, Z.A.P. & Del Prette, A. (2009). *Inventário de Habilidades Sociais para Adolescentes (IHSA-Del-Prette)*: Manual de aplicação, apuração e interpretação. São Paulo: Casa do Psicólogo.

Del Prette, Z.A.P., Monjas, M.I. & Caballo, V.E. (2006). La evaluación del repertorio de las habilidades sociales en niños. In V.E. Caballo (Org.), *Manual para la evaluación clínica de los trastornos psicológicos: Trastornos de la edad adulta e informes psicológicos* (pp. 373-399). Madrid: Pirámide.

Del Prette, Z.A.P., Villa, M.B., Freitas, M.G. & Del Prette, A. (2008). Estabilidade temporal do Inventário de Habilidades Sociais Conjugais (IHSC). *Avaliação Psicológica, 7*, 67-74.

Dias, T.P., Freitas, L.C. & Del Prette, Z.A.P. (2009). Validação de uma escala de habilidades sociais e problemas de comportamento para pré-escolares (PKBS). In II Seminário Internacional de Habilidades Sociais, Rio de Janeiro, RJ: Anais.

Falcone, E.O. (2001). Uma proposta de um sistema de classificação das habilidades sociais. In H.J. Guilhardi, M.B.B.P. Padi, P.P. Queiroz & M.C. Scoz (Orgs.), *Sobre comportamento e cognição: Expondo a variabilidade* (pp. 195-209). Santo André: ESETec.

Falcone, E.O., Ferreira, M.C., Luz, R.C.M., Fernandes, C.S., Faria, C.A., D'Augustin, J.F. & Sardinha, A. (2008). Inventário de Empatia (IE): Desenvolvimento e validação de uma medida brasileira. *Avaliação Psicológica, 7*, 321-334.

Freitas, L.C. (2008). *Habilidades sociais de crianças com diferentes diagnósticos: Comparações múltiplas*. Tese de Doutorado. Programa de Pós-Graduação em Educação Especial. Universidade Federal de São Carlos.

Freitas, L.C. & Del Prette, Z.A.P. (s.d.). Validade de critério do Sistema de Avaliação de Habilidades Sociais (SSRS-BR). *Psicologia: Reflexão e Crítica.*

Freitas, M.G. (2005). *Desenvolvimento e avaliação de um programa de habilidades sociais com mães de crianças deficientes visuais*. Tese de Doutorado. Programa de Pós-Graduação em Educação Especial. Universidade Federal de São Carlos.

Gresham, F.M. (1998a). Social skills training with children: Social learning and applied behavioral analytic approaches. In T.S. Watson and F.M. Gresham (Eds.), *Handbook of child behavior therapy* (pp. 475-497). Plenum Press: New York, Plenum Press.

Gresham, F.M. (1998b). Social skills training: Should we raze, remodel, or rebuild? *Behavioral Disorders, 24*, 19-25.

Gresham, F.M. (2001). Assessment of social skills in children and adolescents. In W.W. Andrews, D.H. Saklofske (Orgs.), *Handbook of psychoeducational assessment: Ability, achievement, and behavior in children*. San Diego, CA: Academic Press.

Gresham, F.M. & Cook, C.R. (2008). *Development and validation of progress monitoring tools for social behavior.* Research Funding Proposal submitted to the Institute of Educational Sciences.

Gresham, F.M. & Elliott, S.N. (1990). *Social Skills Rating System.* Circle Pines, MN: American Guidance Service.

Hargie, O., Saunders, C. & Dickson, D. (1994). *Social skills in interpersonal communication*. New York: Routledge.

Hofmann, S.G. & DiBartolo, P.M. (2000). An instrument to assess self-statements during public speaking: scale development and preliminary psychometric properties. *Behavior Therapy, 31*, 499-515.

Kamphaus, R.W. & Frick, P.J. (2002). *Clinical assessment of child and adolescent personality and behavior*. Boston: MA: Allyn & Bacon.

Kazdin, A.E. (2003). *Research design in clinical psychology* (4th ed.). Boston: Allyn & Bacon.

Kazdin, A.E. & Weiss, J.R. (2003). Assessment and evaluation of interventions. In A.E. Kazdin (Ed.), *Evidence-based psychotherapies for children and adolescents* (pp. 408-435). New York: Guilford Press.

Ladd, W.G. & Mize, J. (1983). A cognitive-social learning model of social skill training. *Psychological Review, 90*, 127-157.

Lopes, D.C. (2009). *Recursos multimídia na promoção de habilidades sociais com crianças com dificuldades de aprendizagem.* Dissertação de Mestrado. Programa de Pós-Graduação em Educação Especial. Universidade Federal de São Carlos.

Manólio, C.L. (2009). *Análise das habilidades sociais educativas na interação professor-aluno*. Dissertação de Mestrado. Programa de Pós-Graduação em Educação Especial. Universidade Federal de São Carlos.

McFall, R.M. (1982). A review and reformulation of the concept of social skills. *Behavioral Assessment, 4*, 1-33.

McNair, D.M., Frankenthaler, L.M., Lzerlinsky, T., White, T.W., Sasson, S. & Fisher, S. (1982). Simulated public speaking as a model of clinical anxiety. *Psychopharmacology*, *77*, 7-10.

Merrell, K.W. (2003). *Preschool and Kindergarten Behavior Scales* (2th ed.). Austin, TX: PRO-ED.

Michelson, L., Sugai, D.P., Wood, R.P. & Kazdin, A.E. (1983). *Social Skills Assessment and Training with children: An empirically based handbook.* NY: London: Plenum Press.

Molina, R.C.M. & Del Prette, A. (2008). Mudança no *status* sociométrico negativo de alunos com dificuldades de aprendizagem. *Psicologia Escolar e Educacional, 11*, 299-310.

Morais, M.L.S., Otta, E. & Scala, C.T. (2001). *Status* sociométrico e avaliação de característica comportamentais: Um estudo de competência social em pré-escolares. *Psicologia: Reflexão e Crítica, 14,* 119-131.

Osório, F.L., Crippa, J.A.S. & Loureiro, S.R. (2007). A study of the discriminative validity of a screening tool (Mini-Spin) for social anxiety disorder applied to Brazilian university students. *European Psychiatry, 22*, 239-243.

Osório, F.L., Crippa, J.A.S. & Loureiro, S.R. (2008a). Escala para autoavaliação ao falar em público (SSPS): Adaptação transcultural e consistência interna da versão brasileira. *Revista de Psiquiatria Clínica*, 35, 207-211.

Osório, F.L., Crippa, J.A.S. & Loureiro, S.R. (2008b). Cross-cultural validation of the Brazilian Portuguese version of the Social Phobia Inventory (SPIN): Study of the items and internal consistency. *Revista Brasileira de Psiquiatria*, no prelo.

Pasquali, L. & Gouveia, V.V. (1990). Escala de Assertividade Rathus – RAS. Adaptação Brasileira. *Psicologia: Teoria e Pesquisa, 6*, 233-249.

Pavarino, M.G., Del Prette, A. & Del Prette, Z.A.P. (2005). Agressividade e empatia na infância: Um estudo correlacional com crianças pré-escolares. *Interação em Psicologia, 9*, 217-227.

Pereira, R.F., Silvares, E.F.M. & Del Prette, Z.A.P. (2008). Problemas de comportamento em enuréticos: um exemplo de análise utilizando o índice de mudança confiável (IMC). *Arquivos Brasileiros de Psicologia, 60*, 129-141.

Ribeiro, J., Koller, S.H. & Camino, C. (2001). Adaptação e validação de duas escalas de empatia para uso no Brasil. *Estudos de Psicologia, 18*, 43-53. Campinas.

Rocha, Margarete (2009). *Programa de Habilidades sociais educativas com pais: Efeitos sobre desempenho social e acadêmico de filhos com TDAH.* Tese de Doutorado. Programa de Pós-Graduação em Educação Especial. Universidade Federal de São Carlos, São Paulo.

Rocha, M.M., Del Prette, Z.A.P. & Del Prette, A. (no prelo). Placebo na pesquisa psicológica: Questões conceituais, éticas e metodológicas. *Revista Brasileira de Terapias Cognitivas.*

Rocha, Marina M. (2009). *Autoavaliação de competências e problemas de comportamento entre adolescentes brasileiros: Um estudo de validação do "Inventário de Autoavaliação para Jovens" (YSR/2001).* Projeto de Pesquisa apresentado ao Instituto de Psicologia da Universidade de São Paulo como parte dos requisitos do exame geral de qualificação do curso de mestrado. Instituto de Psicologia, Universidade de São Paulo. São Paulo.

Rosin-Pinola, A.R. (2006). *Efeitos de um programa de treinamento de habilidades sociais educativas junto a professores de alunos com deficiência mental incluídos.* Projeto de Pesquisa de Tese de Doutorado. Programa de Pós-Graduação em Psicologia. Universidade de São Paulo. Ribeirão Preto.

Skinner, B.F. (1975). *La conducta de los organismos: Una análisis experimental.* Barcelona: Fontenelli.

Souza, C.R. de (2008). *Habilidades sociais educativas de mães de crianças deficientes visuais: Validação social e experimental.* Projeto de Pesquisa. Programa de Mestrado em Análise do Comportamento. Universidade Estadual de Londrina.

Sturmey, P. (1996). Functional analysis in clinical psychology. New York: John Wiley & Sons.

Trower, P. (1980). Situational analysis of the components and processes of behavior of socially skilled and unskilled patients. *Journal of Consulting and Clinical Psychology, 48*, 327-339.

Trower, P. (1995). Adult social skills: State of the art and future directions. In W. O'Donohue & L. Krasnner (Eds.), *Handbook of Psychological Skills Training: Clinical Techniques and Applications* (pp. 54-80). New York: Allyn and Bacon.

Villa, M.B. (2005). *Habilidades sociais no casamento: Avaliação e contribuição para a satisfação conjugal.* Tese de Doutorado. Programa de Pós-Graduação em Psicologia. Universidade de São Paulo.

Villa, M.B., Del Prette, Z.A.P. & Del Prette, A. (2007). Habilidades sociais conjugais e filiação religiosa: Um estudo descritivo. *Psicologia em Estudo, 12*, 23-32.

Wallander, J.I., Conger, A.J. & Conger, J.C. (1985). Development and evaluation of a behaviorally reference rating system for heterosocial skills. *Behavioral Assessment, 7*, 137-153.

Yoshida, E.M.P. (2006). Psicoterapia dinámica breve: los procesos de cambio evaluados a través de la madurez de los mecanismos de defensa, los síntomas psicopatológicos y la estrategia terapéutica. *Libro de Resúmenes*. Simposio Internacional de Investigación en Psicoterapia, Montevideo, p. 34.

EDITORA VOZES LTDA.
Rua Frei Luís, 100 – Centro – Cep 25689-900 – Petrópolis, RJ
Tel.: (24) 2233-9000 – E-mail: vendas@vozes.com.br